Eine zufällige Begegnung, eine Berührung, ein Blick, es hat gefunkt, wir sind verliebt und nichts ist mehr so, wie es eben noch war. Ob wir bereit sind oder nicht, es ist, was es ist.
Wie es sich anfühlt, wenn uns die Liebe überfällt oder wir sie wieder verlieren, davon erzählen die hier versammelten Geschichten von Anton Čechov, Hermann Hesse, Julio Cortázar, Ingeborg Bachmann, Roberto Bolaño, Judith Hermann und vielen anderen. Geschichten vom Rausch der ersten Liebe, von Glück und Leid, vom Sehnen und Träumen, vom Betrügen und Verlassen. Aber egal, wie die Geschichten ausgehen, am Ende gilt immer Goethes Wort: »Und doch, welch Glück, geliebt zu werden! Und lieben, Götter, welch ein Glück!«

insel taschenbuch 4016

Jetzt küss mich endlich!

JETZT KÜSS MICH ENDLICH!

Herausgegeben von Patrick Hutsch

Insel Verlag

Die Texte folgen in ihrer Rechtschreibung dem Original und wurden für den vorliegenden Band nicht vereinheitlicht.
Umschlagfoto: © Heide Benser/Corbis

insel taschenbuch 4016
Originalausgabe
Erste Auflage 2011

Vertrieb durch den Suhrkamp Taschenbuch Verlag
Quellenverzeichnis am Schluss des Bandes
Umschlag: HildenDesign, München, www.hildendesign.de
Satz: Hümmer GmbH, Waldbüttelbrunn
Druck: CPI – Ebner & Spiegel, Ulm
Printed in Germany
ISBN 978-3-458-35716-2

1 2 3 4 5 6 – 16 15 14 13 12 11

INHALT

»WER SO LIEBT,
WIE MAN EINZIG LIEBEN SOLLTE,
DER WIRD ZUM DICHTER
UND ZUM HELDEN ...«

Anton Čechov
KLEINER SCHERZ

Ein klarer Wintertag, um Mittag ... der Frost ist stark, er klirrt, und Nadjenka, die sich an meinen Arm klammert, hat silbrigen Reif an den Schläfenlöckchen und Flaum über der Oberlippe. Wir stehen auf einem hohen Berg. Vor unseren Füßen bis hinab zur Erde erstreckt sich eine abschüssige Fläche, in der sich die Sonne betrachtet wie in einem Spiegel. An unserer Seite ein kleiner Schlitten, mit hellrotem Stoff ausgeschlagen.

– Fahren wir hinunter, Nadežda Petrovna! – bettle ich. – Nur ein Mal! Ich versichere Sie, wir kommen heil unten an.

Aber Nadjenka hat Angst. Der gesamte Raum vor ihren kleinen Galoschen bis zum Ende des Eisbergs erscheint ihr als ein schrecklicher, unermeßlich tiefer Abgrund. Es erstirbt ihr Denken, es verschlägt ihr den Atem, wenn sie nach unten blickt, wenn ich ihr nur vorschlage, sich in den Schlitten zu setzen, denn was wird geschehen, wenn sie es riskiert, in den Abgrund zu fliegen! Sterben wird sie, den Verstand verlieren.

– Ich flehe Sie an! – sage ich. – Sie brauchen keine Angst zu haben! Begreifen Sie doch, das ist Kleinmut, ist Feigheit!

Endlich gibt Nadjenka nach, und ich sehe in ihrem Gesicht, sie gibt nach, den Tod vor Augen. Ich setze sie, bleich, zitternd, in den Schlitten, umfasse sie mit einem Arm und stürze mich mit ihr in den Höllenschlund.

Der Schlitten fliegt wie eine Kugel. Die durchschnittene Luft schlägt ins Gesicht, heult, pfeift in den Ohren, kneift schmerzend vor Wut, will einem den Kopf von den Schultern reißen. Vor dem Ansturm des Windes läßt sich nicht atmen. Es scheint, als halte uns der Teufel leibhaftig in den Tatzen und zerre uns unter Geheul in die Hölle. Die Gegenstände ringsum verschwimmen zu einem langen, dahinrasenden Band ... Noch einen Augenblick, und wir sind, so scheint es, verloren!

– Ich liebe Sie, Nadja! – sage ich halblaut.

Dann fährt der Schlitten immer langsamer und langsamer, das Heulen des Windes und das Surren der Kufen sind nicht mehr so schrecklich, der Atem erstirbt nicht länger, und schließlich sind wir unten. Nadjenka ist mehr tot als lebendig. Sie ist bleich, atmet kaum ... Ich helfe ihr beim Aufstehen.

– Noch einmal fahre ich um keinen Preis, – sagt sie und schaut mich mit großen, vor Entsetzen geweiteten Augen an. – Um nichts in der Welt! Ich wäre fast gestorben.

Etwas später kommt sie zu sich und blickt mir bereits fragend in die Augen: habe ich diese vier Worte gesagt, oder hat sie sie nur gehört im Brausen des Windes? Und ich stehe neben ihr, rauche und mustere eingehend meine Handschuhe.

Sie hakt sich bei mir unter, und wir gehen lange am Fuß des Berges spazieren. Das Rätsel läßt ihr, wie ich sehe, keine Ruhe. Sind diese Worte gesagt worden oder nicht? Ja oder nein? Das ist eine Frage der Eitelkeit, der Ehre, des Lebens, des Glücks, eine sehr wichtige Frage, die wichtigste auf Erden. Nadjenka schaut mir ungeduldig, traurig, mit forschendem Blick ins Gesicht, gibt unpassende Antworten, wartet, ob ich nicht beginnen würde zu sprechen. Oh, was für ein Spiel in diesem netten Gesicht, was für ein Spiel! Ich sehe, sie kämpft mit sich, sie muß etwas sagen, muß etwas fragen, aber sie findet nicht die Worte, ihr ist es peinlich, sie hat Angst, die Freude hindert sie ...

– Wissen Sie was? – sagt sie, ohne mich anzusehen.

– Was? – frage ich.

– Lassen Sie uns noch einmal ... rodeln.

Wir steigen die Treppe hinauf auf den Berg. Wieder setze ich die bleiche, zitternde Nadja in den Schlitten, wieder fliegen wir in den schrecklichen Abgrund, wieder heult der Wind und surren die Kufen, und wieder, im schnellsten und lautesten Moment des Fluges, sage ich halblaut:

– Ich liebe Sie, Nadjenka!

Als der Schlitten anhält, läßt Nadjenka den Blick über den Berg schweifen, den wir eben heruntergerodelt sind, dann schaut sie

mir lange ins Gesicht, horcht auf meine Stimme, die gleichgültig und leidenschaftslos ist, und ihr ganzer Körper, sogar ihr Muff, ihre Kapuze, ihre ganze kleine Gestalt drücken äußerstes Befremden aus. Und ins Gesicht geschrieben steht ihr:
»Was ist nur? Wer hat *jene* Worte gesprochen? War er es, oder hat es sich nur so angehört?«
Diese Ungewißheit beunruhigt sie, raubt ihr die Geduld. Das arme Mädchen antwortet nicht mehr auf Fragen, wird mürrisch, fängt gleich an zu weinen.
– Wollen wir nicht nach Hause gehen? – frage ich.
– Mir ... mir gefällt dieses Rodeln, – sagt sie, errötend. – Wollen wir nicht noch einmal fahren?
Ihr »gefällt« dieses Rodeln, dabei ist sie, als sie sich in den Schlitten setzt, wie die vorigen Male bleich, atmet kaum und zittert vor Angst.
Wir fahren zum dritten Mal hinunter, und ich sehe, wie sie mir ins Gesicht blickt, meine Lippen beobachtet. Doch ich halte das Taschentuch an die Lippen, räuspere mich, und als wir die Hälfte des Berges hinter uns haben, gelingt es mir zu sagen:
– Ich liebe Sie, Nadja!
Das Rätsel bleibt ein Rätsel! Nadjenka schweigt, denkt über etwas nach ... Ich begleite sie von der Rodelbahn nach Hause, sie bemüht sich, langsam zu gehen, verlangsamt den Schritt und wartet und wartet, ob ich ihr nicht jene Worte sage. Und ich sehe, wie sie leidet, wie sehr sie sich beherrscht, um nicht zu sagen:
– Der Wind kann sie nicht gesagt haben! Ich will auch nicht, daß der Wind sie gesagt hat!
Am andern Tage bekomme ich morgens einen Zettel: »Wenn Sie heute rodeln gehen, holen Sie mich ab. N.« Und seit diesem Tage gehen Nadja und ich jeden Tag rodeln, und wenn wir auf dem Schlitten hinunterfliegen, sage ich jedesmal halblaut dieselben Worte:
– Ich liebe Sie, Nadja!
Bald gewöhnt sich Nadjenka an diesen Satz, wie an Alkohol oder Morphium. Sie kann ohne ihn nicht mehr leben. Zwar hat sie vor

dem Fliegen nach wie vor Angst, doch inzwischen verleihen jene Worte von der Liebe der Angst und Gefahr einen besonderen Reiz, Worte, die nach wie vor ein Rätsel bleiben und das Herz schwer machen. In Verdacht stehen immer dieselben zwei: ich und der Wind ... Wer von beiden ihr die Liebe erklärt, weiß sie nicht, aber es ist ihr offenbar auch schon egal; egal ist, aus welchem Glas man trinkt, Hauptsache, man wird betrunken.
Eines Tages ging ich um Mittag allein rodeln; in der Menge verloren, sehe ich, wie Nadjenka zum Berg kommt, wie sie mit den Augen nach mir sucht ... Dann steigt sie schüchtern die Treppe hinauf ... Sie hat Angst, allein zu fahren, ach, welche Angst! Sie ist bleich wie der Schnee, zittert, sie geht wie zur eigenen Hinrichtung, aber geht, geht ohne sich umzuschauen, entschlossen. Offenbar hat sie beschlossen, endlich die Probe zu machen: werden diese wunderbaren süßen Worte auch zu hören sein, wenn ich nicht mitfahre? Ich sehe, wie sie, bleich, mit vor Schrecken geöffnetem Mund, sich in den Schlitten setzt, die Augen schließt, der Welt für immer Lebewohl sagt und sich abstößt ... »Ssss ...« – surren die Kufen. Ob Nadjenka die Worte hört, ich weiß es nicht ... Ich sehe nur, wie sie sich erschöpft und schwach vom Schlitten erhebt. Und ihrem Gesicht ist anzusehen, sie weiß selbst nicht, ob sie die Worte gehört hat oder nicht. Die Angst, während sie den Berg hinunterfuhr, hat sie der Fähigkeit beraubt zu hören, Laute zu unterscheiden, zu verstehen ...
Da naht jedoch der Frühlingsmonat März ... Die Sonne beginnt zu liebkosen. Unser Eisberg dunkelt, verliert seinen Glanz, schließlich taut er. Wir können nicht mehr rodeln. Die arme Nadjenka wird nirgends mehr jene Worte hören, und es ist auch niemand mehr da, der sie sagen könnte, denn kein Wind ist zu spüren, und ich reise bald nach Petersburg – für lange Zeit, wahrscheinlich für immer.
Irgendwann vor der Abreise, ein-zwei Tage vorher, sitze ich bei Dämmerlicht im Garten, der von dem Hof, auf dem Nadjenka lebt, durch einen hohen Bretterzaun mit Nägeln getrennt ist ... Noch ist es ziemlich kalt, unter dem Mist liegt noch der Schnee,

die Bäume sind tot, doch es riecht schon nach Frühling, und beim Aufsuchen ihres Nachtlagers krächzen laut die Krähen. Ich trete an den Zaun und schaue lange durch einen Spalt. Ich sehe, wie Nadjenka auf die Freitreppe hinaustritt und einen kummervollen, sehnsüchtigen Blick zum Himmel richtet ... der Frühlingswind bläst ihr direkt ins bleiche, bedrückte Gesicht ... Er erinnert sie an den Wind, der uns damals auf dem Berg entgegenheulte, als sie jene vier Worte hörte, und ihr Gesicht wird traurig, so traurig, über die Wange rollt eine Träne ... Und das bleiche Mädchen streckt beide Arme aus, wie um den Wind zu bitten, ihr noch einmal jene Worte zuzutragen. Und ich warte einen Windstoß ab und sage halblaut:

– Ich liebe Sie, Nadja!

Mein Gott, was geschieht da mit Nadjenka? Sie schreit auf, lächelt, strahlt über das ganze Gesicht und streckt dem Wind die Arme entgegen, voller Freude, glücklich und so schön.

Und ich gehe packen ...

Das alles ist lange her. Heute ist Nadjenka verheiratet; ob man sie verheiratet hat oder ob sie selbst gewählt hat – es ist der Sekretär am Vormundschaftsgericht, und sie hat heute drei Kinder. Daß wir damals zusammen rodeln gingen und ihr der Wind die Worte zutrug »Ich liebe Sie, Nadjenka«, ist nicht vergessen; für sie ist das heute die glücklichste, die anrührendste und schönste Erinnerung ihres Lebens ...

Und ich kann heute, da ich älter bin, nicht mehr begreifen, warum ich jene Worte gesagt habe, wozu ich mir diesen Scherz erlaubt habe ...

Robert Walser
DAS LIEBESPAAR

Sie und er gingen zusammen spazieren. Allerlei reizende Gedanken kamen ihnen in den Kopf, doch jedes behielt hübsch für sich, was es dachte. Der Tag war schön, wie ein Kind, das in der Wiege oder im Arm seiner Mutter liegt und lächelt. Die Welt war zusammengesetzt aus lauter Hellgrün und Hellblau und Hellgelb. Grün waren die Wiesen, blau war der Himmel, und gelb war das Kornfeld. Blau war wieder der Fluß, der sich in der Ferne, zu des wohligen Hügels Füßen, durch die lichte, süße, warme Gegend schlängelte, welche, wie wir bereits angedeutet haben, einem Kinderlächeln an Schönheit und Lieblichkeit glich. Die beiden, die durch die Landschaft gingen, schwiegen. Er hatte ihr etwas zu sagen, und sie, sie fühlte es. Sie ging neben ihm her in der Erwartung dessen, was er ihr sagen sollte. Längst schon hatte er ihr sagen wollen, was er jetzt willens war zu sagen, und längst schon hatte sie gehofft, er werde ihr endlich einmal sagen, was ihm, wie sie sah, auf den Lippen schwebte. Eine Liebeserklärung, eine stotternde, lag ihm auf den Lippen, und sie sah das. Seine Augen und der Ton seiner Stimme hatten ihr längst gestanden, daß er sie liebe. Sie fühlte, daß sie reizend sei für ihn, und indem sie dies fühlte, umstrickte sie ihn immer noch mehr mit ihren Reizen, ohne es fast zu wollen. Gibst du einem Mädchen zu verstehen, daß sie schön sei, so ist sie dadurch um so viel schöner, als du Verständnis zeigst. Nie ist eine Frau so reizend als dann, wenn sie sieht, daß sie reizt. Also wurde denn die, die hier ging, nur immer reizender, je weniger sie mehr zu fürchten brauchte, es gebreche ihr an der Kunst und an der Kraft, ihn, der dicht neben ihr herging, zu fesseln. Sie betrachtete ihn im geheimen bereits als ihren Gefangenen, und sie fühlte, daß sie für ihn der Zaubergarten sei voll von verführerischen Düften, daß sie für ihn das Netz sei, in dessen Wunderfäden er sich verstrickt hatte. Sie war sein Meer, in dessen

Fluten er ertrunken war – sie war das Gesetz, dem er gehorchte. Er legte jetzt, statt irgend etwas zu sagen, seinen Arm um ihren schlanken Leib, und damit war bereits alles getan, um die beiden in gleich hohem Maß oder Unmaß zu beglücken. Damit war alles gesagt, was er ihr schon so lange hatte sagen wollen und hatte sagen sollen, und alles gestanden, was er Süßes um ihretwillen fühlte. Sie kamen nun in einen kleinen, aber wunderbaren Wald hinein, der ihnen wie ein Liebesort erschien. Es war so still, so grün, so dunkel im Wald wie in einer uralten Kirche. Der Waldboden glich einem grünen Teppich, einem grünen Bett. Kein Fürstensaal in alter und neuer Welt war je so schön wie dieser liebe grüne Wald, der sie wie mit weichen Märchenarmen umfing. Hier nun fing ein sanftes, überinniges und über-übersüßes Küssen an, als schnäbelten und liebkosten sich zwei Waldvögelchen in der Weltabgeschiedenheit, verloren und verborgen in Verborgenheiten und Verlorenheiten. Bisher Stümper in der Liebe, war er mit einmal ein Meister geworden. Er erdrückte und erstickte sein Mädchen nicht mit Küssen; er setzte nur Lippe an Lippe und beharrte so in einem langen, langen, himmlischen Brennen, die Hand ganz zart an ihr Haar gedrückt. Es war nichts mehr da als der Wald und der Kuß, als die Stämme im Wald und die beiden glücklichen Menschen, als die ununterbrochene Stille und der ununterbrochene süße, herrliche Kuß.

Hermann Hesse

LIEBE

Herr Thomas Höpfner, mein Freund, ist ohne Zweifel unter allen meinen Bekannten der, der am meisten Erfahrung in der Liebe hat. Wenigstens hat er es mit vielen Frauen gehabt, kennt die Künste des Werbens aus langer Übung und kann sich sehr vieler Eroberungen rühmen. Wenn er mir davon erzählt, komme ich mir wie ein Schulbub vor. Allerdings meine ich zuweilen ganz im stillen, vom eigentlichen Wesen der Liebe verstehe er auch nicht mehr als unsereiner. Ich glaube nicht, daß er oft in seinem Leben um eine Geliebte Nächte durchwacht und durchweint hat. Er hat es jedenfalls selten nötig gehabt, und ich will es ihm gönnen, denn ein fröhlicher Mensch ist er trotz seiner Erfolge nicht. Vielmehr sehe ich ihn nicht selten von einer leichten Melancholie befangen, und sein ganzes Auftreten hat etwas resigniert Ruhiges, Gedämpftes, was nicht wie Sättigung aussieht.

Nun, das sind Vermutungen und vielleicht Täuschungen. Mit Psychologie kann man Bücher schreiben, aber nicht Menschen ergründen, und ich bin auch nicht einmal Psycholog. Immerhin scheint es mir zuzeiten, mein Freund Thomas sei nur darum ein Virtuos im Liebesspiel, weil ihm zu der Liebe, die kein Spiel mehr ist, etwas fehle, und er sei deshalb ein Melancholiker, weil er jenen Mangel an sich selber kenne und bedauere. – Lauter Vermutungen, vielleicht Täuschungen.

Was er mir neulich über Frau Förster erzählte, war mir merkwürdig, obwohl es sich nicht um ein eigentliches Erlebnis oder gar Abenteuer, sondern nur um eine Stimmung handelte, eine lyrische Anekdote.

Ich traf mit Höpfner zusammen, als er eben den »Blauen Stern« verlassen wollte, und überredete ihn zu einer Flasche Wein. Um ihn zum Spendieren eines besseren Getränkes zu nötigen, be-

stellte ich eine Flasche gewöhnlichen Mosel, den ich selber sonst nicht trinke. Unwillig rief er den Kellner zurück.
»Keinen Mosel, warten Sie!«
Und er ließ eine feine Marke kommen. Mir war es recht, und bei dem guten Wein waren wir bald im Gespräch. Vorsichtig brachte ich die Unterhaltung auf die Frau Förster, eine schöne Frau von wenig über dreißig Jahren, die noch nicht sehr lange in der Stadt wohnte und im Ruf stand, viele Liebschaften gehabt zu haben. Der Mann war eine Null. Seit kurzem wußte ich, daß mein Freund bei ihr verkehrte.
»Also die Förster«, sagte er endlich nachgebend, »wenn sie dich denn so heftig interessiert. Was soll ich sagen? Ich habe nichts mit ihr erlebt.«
»Gar nichts?«
»Na, wie man will. Nichts, was ich eigentlich erzählen kann. Man müßte ein Dichter sein.«
Ich lachte.
»Du hältst sonst nicht viel von den Dichtern.«
»Warum auch? Dichter sind meistens Leute, die nichts erleben. Ich kann dir sagen, mir sind im Leben schon tausend Sachen passiert, die man hätte aufschreiben sollen. Immer dachte ich, warum erlebt nicht auch einmal ein Dichter so was, damit es nicht untergeht. Ihr macht immer einen Mordslärm um Selbstverständlichkeiten, jeder Dreck reicht für eine ganze Novelle – –«
»Und das mit der Frau Förster? Auch eine Novelle?«
»Nein. Eine Skizze, ein Gedicht. Eine Stimmung, weißt du.«
»Also, ich höre.«
»Nun, die Frau war mir interessant. Was man von ihr sagt, weißt du. Soweit ich aus der Ferne beobachten konnte, mußte sie viel Vergangenheit haben. Es schien mir, sie habe alle Arten von Männern geliebt und kennengelernt und keinen lang ertragen. Dabei ist sie schön.«
»Was nennst du schön?«
»Sehr einfach, sie hat nichts Überflüssiges, nichts zuviel. Ihr Körper ist ausgebildet, beherrscht, ihrem Willen dienstbar. Nichts an

ihm ist undiszipliniert, nichts versagt, nichts ist träge. Ich kann mir keine Situation denken, der sie nicht noch das äußerst Mögliche von Schönheit abgewinnen würde. Eben das zog mich an, denn für mich ist das Naive meist langweilig. Ich suche bewußte Schönheit, erzogene Formen, Kultur. Na, keine Theorien!«
»Lieber nicht.«
»Ich ließ mich also einführen und ging ein paarmal hin. Einen Liebhaber hatte sie zur Zeit nicht, das war leicht zu bemerken. Der Mann ist eine Porzellanfigur. Ich fing an, mich zu nähern. Ein paar Blicke über Tisch, ein leises Wort beim Anstoßen mit dem Weinglas, ein zu lang dauernder Handkuß. Sie nahm es hin, abwartend, was weiter käme. Also machte ich einen Besuch zu einer Zeit, wo sie allein sein mußte, und wurde angenommen.
Als ich ihr gegenübersaß, merkte ich schnell, daß hier keine Methode am Platz sei. Darum spielte ich *va banque* und sagte ihr einfach, ich sei verliebt und stehe zu ihrer Verfügung. Daran knüpfte sich ungefähr folgender Dialog:
›Reden wir von Interessanterem.‹
›Es gibt nichts, was mich interessieren könnte, als Sie, gnädige Frau. Ich bin gekommen, um Ihnen das zu sagen. Wenn es Sie langweilt, gehe ich.‹
›Nun denn, was wollen Sie von mir?‹
›Liebe, gnädige Frau!‹
›Liebe! Ich kenne Sie kaum und liebe Sie nicht.‹
›Sie werden sehen, daß ich nicht scherze. Ich biete Ihnen alles an, was ich bin und tun kann, und ich werde vieles tun können, wenn es für Sie geschieht.‹
›Ja, das sagen alle. Es ist nie etwas Neues in euren Liebeserklärungen. Was wollen Sie denn tun, das mich hinreißen soll? Würden Sie wirklich lieben, so hätten Sie längst etwas getan.‹
›Was zum Beispiel?‹
›Das müßten Sie selber wissen. Sie hätten acht Tage fasten können oder sich erschießen, oder wenigstens Gedichte machen.‹
›Ich bin nicht Dichter.‹
›Warum nicht? Wer so liebt, wie man einzig lieben sollte, der wird

zum Dichter und zum Helden um ein Lächeln, um einen Wink, um ein Wort von der, die er lieb hat. Wenn seine Gedichte nicht gut sind, sind sie doch heiß und voll Liebe –‹

›Sie haben recht, gnädige Frau. Ich bin kein Dichter und kein Held, und ich erschieße mich auch nicht. Oder wenn ich das täte, so geschähe es aus Schmerz darüber, daß meine Liebe nicht so stark und brennend ist, wie Sie sie verlangen dürfen. Aber statt alles dessen habe ich eines, einen einzigen kleinen Vorzug vor jenem idealen Liebhaber: ich verstehe Sie.‹

›Was verstehen Sie?‹

›Daß Sie Sehnsucht haben wie ich. Sie verlangen nicht nach einem Geliebten, sondern Sie möchten lieben, ganz und sinnlos lieben. Und Sie können das nicht.‹

›Glauben Sie?‹

›Ich glaube es. Sie suchen die Liebe, wie ich sie suche. Ist es nicht so?‹

›Vielleicht.‹

›Darum können Sie mich auch nicht brauchen, und ich werde Sie nicht mehr belästigen. Aber vielleicht sagen Sie mir noch, ehe ich gehe, ob Sie einmal, irgend einmal, der wirklichen Liebe begegnet sind.‹

›Einmal, vielleicht. Da wir so weit sind, können Sie es ja wissen. Es ist drei Jahre her. Da hatte ich zum erstenmal das Gefühl, wahrhaftig geliebt zu werden.‹

›Darf ich weiter fragen?‹

›Meinetwegen. Da kam ein Mann und lernte mich kennen und hatte mich lieb. Und weil ich verheiratet war, sagte er es mir nicht. Und als er sah, daß ich meinen Mann nicht liebte und einen Günstling hatte, kam er und schlug mir vor, ich solle meine Ehe auflösen. Das ging nicht, und von da an trug dieser Mann Sorge um mich, bewachte uns, warnte mich und wurde mein guter Beistand und Freund. Und als ich seinetwegen den Günstling entließ und bereit war, ihn anzunehmen, verschmähte er mich und ging und kam nicht wieder. Der hat mich geliebt, sonst keiner.‹

›Ich verstehe.‹

›Also gehen Sie nun, nicht? Wir haben einander vielleicht schon zu viel gesagt.‹

›Leben Sie wohl. Es ist besser, ich komme nicht wieder.‹«

Mein Freund schwieg, rief nach einer Weile den Kellner, zahlte und ging. Und aus dieser Erzählung unter anderm schloß ich, ihm fehle die Fähigkeit zur richtigen Liebe. Er hatte es ja selber ausgesprochen. Und doch muß man den Menschen dann am wenigsten glauben, wenn sie von ihren Mängeln reden. Mancher hält sich für vollkommen, nur weil er geringe Ansprüche an sich stellt. Das tat mein Freund nicht, und es mag sein, daß gerade sein Ideal einer wahren Liebe ihn so hat werden lassen, wie er ist. Vielleicht hat der kluge Mann mich auch zum besten gehabt, und möglicherweise war jenes Gespräch mit Frau Förster einfach seine Erfindung. Denn er ist ein heimlicher Dichter, so sehr er sich auch dagegen verwahrt.

Lauter Vermutungen, vielleicht Täuschungen.

Marie Luise Kaschnitz

LANGE SCHATTEN

Langweilig, alles langweilig, die Hotelhalle, der Speisesaal, der Strand, wo die Eltern in der Sonne liegen, einschlafen, den Mund offenstehen lassen, aufwachen, gähnen, ins Wasser gehen, eine Viertelstunde vormittags, eine Viertelstunde nachmittags, immer zusammen. Man sieht sie von hinten, Vater hat zu dünne Beine, Mutter zu dicke, mit Krampfadern, im Wasser werden sie dann munter und spritzen kindisch herum. Rosie geht niemals zusammen mit den Eltern schwimmen, sie muß währenddessen auf die Schwestern achtgeben, die noch klein sind, aber nicht mehr süß, sondern alberne Gänse, die einem das Buch voll Sand schütten oder eine Qualle auf den nackten Rücken legen. Eine Familie zu haben ist entsetzlich, auch andere Leute leiden unter ihren Familien, Rosie sieht das ganz deutlich, zum Beispiel der braune Mann mit dem Goldkettchen, den sie den Schah nennt, statt bei den Seinen unterm Sonnenschirm hockt er an der Bar oder fährt mit dem Motorboot, wilde Schwünge, rasend schnell und immer allein. Eine Familie ist eine Plage, warum kann man nicht erwachsen auf die Welt kommen und gleich seiner Wege gehen. Ich gehe meiner Wege, sagt Rosie eines Tages nach dem Mittagessen und setzt vorsichtshalber hinzu, in den Ort, Postkarten kaufen, Ansichtskarten, die an die Schulfreundinnen geschrieben werden sollen, als ob sie daran dächte, diesen dummen Gören aus ihrer Klasse Kärtchen zu schicken, Gruß vom blauen Mittelmeer, wie geht es dir, mir geht es gut. Wir kommen mit, schreien die kleinen Schwestern, aber gottlob nein, sie dürfen nicht, sie müssen zum Nachmittagsschlafen ins Bett. Also nur die Fahrstraße hinauf bis zum Marktplatz und gleich wieder zurück, sagt der Vater, und mit niemandem sprechen, und geht der Mutter und den kleinen Schwestern nach mit seinem armen, krummen Bürorücken, er war heute mit dem Boot auf dem Wasser, aber ein Seefahrer wird er nie. Nur die Fahrstraße hinauf, oben sieht man, mit Mauern und Türmen an den Berg geklebt, den Ort liegen, aber die Eltern waren noch nie dort, der Weg war ihnen zu lang, zu heiß, was er auch ist, kein Schatten weit und breit. Rosie braucht keinen Schatten, wozu auch, ihr ist überall wohl, wohl in ihrer sonnenölglänzenden Haut, vorausgesetzt, daß niemand an ihr herumerzieht und niemand sie etwas fragt. Wenn man allein ist, wird alles groß und merkwürdig und beginnt einem allein zu gehören, meine Straße, meine schwarze räudige Katze, mein toter Vogel, eklig, von Ameisen zerfressen, aber unbedingt in die Hand zu nehmen, mein. Meine langen Beine in verschossenen Leinenhosen, meine weißen Sandalen, ein Fuß vor den andern, niemand ist auf der Straße, die Sonne brennt. Dort, wo die Straße den Hügel erreicht, fängt sie an, eine Schlangenlinie zu beschreiben, blaue Schlange im goldenen Reblaub, und in den Feldern zirpen die Grillen wie toll. Rosie benützt den Abkürzungsweg durch die Gärten, eine alte Frau kommt ihr entgegen, eine Mumie, um Gottes willen, was da noch so herumläuft und gehört doch längst ins Grab. Ein junger Mann überholt Rosie und bleibt stehen, und Rosie macht ein strenges Gesicht. Die jungen Männer hier sind zudringliche Taugenichtse, dazu braucht man keine Eltern, um das zu wissen, wozu überhaupt braucht man Eltern, der Teufel, den sie an die Wand malen, hat schon längst ein ganz anderes Gesicht. Nein, danke, sagt Rosie höflich, ich brauche keine Begleitung, und geht an dem jungen Mann vorbei, wie sie es den Mädchen hier abgeguckt hat, steiles Rückgrat, Wirbel über Wirbel, das Kinn angezogen, die Augen finster niedergeschlagen, und er murmelt nur noch einiges Schmeichelhafte, das in Rosies Ohren grenzenlos albern klingt. Weingärten, Kaskaden von rosa Geranienblüten, Nußbäume, Akazien, Gemüsebeete, weiße Häuser, rosa Häuser, Schweiß in den Handflächen, Schweiß auf dem Gesicht. Endlich ist die Höhe erreicht, die Stadt auch, das Schiff Rosie bekommt Wind unter die Leinwand und segelt glücklich durch Schattenstraßen, an Obstständen und flachen Blechkästen voll farbiger, glitzernder, rundäugiger Fische hin. Mein Markt, meine Stadt, mein Laden mit Herden von Gummitieren und einem Firmament von Strohhüten, auch mit Ständern voll Ansichtskarten, von denen Rosie, der Form halber, drei schreiendblaue Meeresausblicke wählt. Weiter auf den Platz, keine Ah- und Oh-Gedanken angesichts des Kastells und der Kirchenfassaden, aber interessierte Blicke auf die bescheidenen Auslagen, auch in die Schlafzimmer zu ebener Erde, wo über gußeisernen, vielfach verschnörkelten Ehebettstellen süßliche Madonnenbilder hängen. Auf der Straße ist zu dieser frühen Nachmittagsstunde fast niemand mehr, ein struppiger, kleiner Hund von unbestimmbarer Rasse kläfft zu einem Fenster hinauf, wo ein Junge steht und ihm Grimassen schneidet. Rosie findet in ihrer Hosentasche ein halbes Brötchen vom zweiten Frühstück. Fang, Scherenschleifer, sagt sie und hält es dem Hund hin, und der Hund tanzt lustig wie ein dressiertes Äffchen um sie herum. Rosie wirft ihm das Brötchen zu und jagt es ihm gleich wieder ab, das häßliche, auf zwei Beinen hüpfende Geschöpf macht sie lachen, am Ende hockt sie im Rinnstein und krault ihm den schmutzig-weißen Bauch. Ehi, ruft der Junge vom Fenster herunter, und Rosie ruft Ehi zurück, ihre Stimmen hallen, einen Augenblick lang ist es, als seien sie beide die einzigen, die wach sind in der heißen, dösenden Stadt. Daß der Hund ihr, als sie weitergeht, nachläuft, gefällt dem Mädchen, nichts gefragt werden, aber Gesellschaft haben, sprechen können, komm mein Hündchen, jetzt gehen wir zum Tor hinaus. Das Tor ist ein anderes als das, durch welches Rosie in die Stadt gekommen ist, und die Straße führt keinesfalls zum Strand hinunter, sondern bergauf, durchquert einen Steineichenwald und zieht dann, mit vollem Blick auf das Meer, hochoben den fruchtbaren Hang entlang. Hier hinauf und weiter zum Leuchtturm haben die Eltern einen gemeinsamen Spaziergang geplant; daß sie jetzt hinter der Bergnase in ihrem verdunkelten Zimmer auf den Betten liegen, ist beruhigend, Rosie ist in einem anderen Land, mein Ölwald, mein Orangenbaum, mein Meer, mein Hündchen, bring mir den Stein zurück. Der Hund apportiert und bellt auf dem dunkelblauen, schmelzenden Asphaltband, jetzt läuft er ein Stück stadtwärts, da kommt jemand um die Felsenecke, ein Junge, der Junge, der am Fenster gestanden und Grimassen geschnitten hat, ein stämmiges, braunverbranntes Kind. Dein Hund? fragt Rosie, und der Junge nickt, kommt näher und fängt an, ihr die Gegend zu erklären. Rosie, die von einem Aufenthalt im Tessin her ein wenig Italienisch versteht, ist zuerst erfreut, dann enttäuscht, da sie sich schon hat denken können, daß das Meer das Meer, der Berg der Berg und die Inseln die Inseln sind. Sie geht schneller, aber der vierschrötige Junge bleibt ihr auf den Fersen und redet weiter auf sie ein, alles, auf das er mit seinen kurzen braunen Fingern zeigt, verliert seinen Zauber, was übrigbleibt, ist eine Ansichtskarte wie die von Rosie erstandenen, knallblau und giftgrün. Er soll nach Hause gehen, denkt sie, mitsamt seinem Hund, auch an dem hat sie plötzlich keine Freude mehr. Als sie in einiger Entfernung zur Linken einen Pfad von der Straße abzweigen und zwischen Felsen und Macchia steil bergabführen sieht, bleibt sie stehen, holt aus ihrer Tasche die paar Münzen, die von ihrem Einkauf übriggeblieben sind, bedankt sich und schickt den Jungen zurück, vergißt ihn auch sogleich und genießt das Abenteuer, den Felsenpfad, der sich bald im Dickicht verliert. Die Eltern und Geschwister hat Rosie erst recht vergessen, auch sich selbst als Person, mit Namen und Alter, die Schülerin Rosie Walter, Obersekunda, könnte mehr leisten; nichts mehr davon, eine schweifende Seele, auf trotzige Art verliebt in die Sonne, die Salzluft, das Tun- und Lassenkönnen, ein erwachsener Mensch wie der Schah, der leider nie spazierengeht, sonst könnte man ihm hier begegnen und mit ihm zusammen, ohne dummes Gegacker, nach fern vorüberziehenden Dampfern Ausschau halten. Der Pfad wird zur Treppe, die sich um den Felsen windet, auf eine Stufe setzt sich Rosie, befühlt den rissigen Stein mit allen zehn Fingern, riecht an der Minze, die sie mit den Handflächen zerreibt. Die Sonne glüht, das Meer blitzt und blendet. Pan sitzt auf dem Ginsterhügel, aber Rosies Schulbildung ist lückenhaft, von dem weiß sie nichts. Pan schleicht der Nymphe nach, aber Rosie sieht nur den Jungen, den zwölfjährigen, da ist er weiß Gott schon wieder, sie ärgert sich sehr. Die Felsentreppe herunter kommt er laut-

los auf staubgrauen Füßen, jetzt ohne sein Hündchen, gesprungen.
Was willst du? sagt Rosie, geh heim, und will ihren Weg fortsetzen, der gerade jetzt ein Stück weit ganz ohne Geländer an der Felswand hinführt, drunten liegt der Abgrund und das Meer. Der Junge fängt gar nicht wieder an mit seinem Ecco il mare, ecco l'isola, aber er läßt sich auch nicht nach Hause schicken, er folgt ihr und gibt jetzt einen seltsamen, fast flehenden Laut von sich, der etwas Unmenschliches hat und der Rosie erschreckt. Was hat er, was will er? denkt sie, sie ist nicht von gestern, aber das kann doch wohl nicht sein, er ist höchstens zwölf Jahre alt, ein Kind. Es kann doch sein, der Junge hat zuviel gehört von den älteren Freunden, den großen Brüdern, ein Gespräch ist da im Ort, ein ewiges halblautes Gespräch von den fremden Mädchen, die so liebessüchtig und willfährig sind und die allein durch die Weingärten und die Ölwälder schweifen, kein Ehemann, kein Bruder zieht den Revolver, und das Zauberwort amore amore schon lockt ihre Tränen, ihre Küsse hervor. Herbstgespräche sind das, Wintergespräche, im kalten, traurigen Café oder am nassen, grauen, überaus einsamen Strand, Gespräche, bei denen die Glut des Sommers wieder entzündet wird. Warte nur, Kleiner, in zwei Jahren, in drei Jahren kommt auch für dich eine, über den Marktplatz geht sie, du stehst am Fenster, und sie lächelt dir zu. Dann lauf nur hinterher, Kleiner, genier dich nicht, pack sie, was sagst du, sie will nicht, aber sie tut doch nur so, sie will.
Nicht daß der Junge, der Herr des äffigen Hündchens, sich in diesem Augenblick an solche Ratschläge erinnert hätte, an den großen Liebes- und Sommergesang des Winters, und die zwei, drei Jahre sind auch noch keineswegs herum. Er ist noch immer der Peppino, die Rotznase, dem seine Mutter eins hinter die Ohren gibt, wenn er aus dem Marmeladeneimer nascht. Er kann nicht wie die Großen herrisch auftreten, lustig winken und schreien, ah, bella, jetzt wo er bei dem Mädchen, dem ersten, das ihm zugelächelt und seinen Hund an sich gelockt hat, sein Glück machen will. Sein Glück, er weiß nicht, was das ist, ein Gerede und Geraune

der Großen, oder weiß er es doch plötzlich, als Rosie vor ihm zurückweicht, seine Hand wegstößt und sich, ganz weiß im Gesicht, an die Felswand drückt? Er weiß es, und weil er nicht fordern kann, fängt er an zu bitten und zu betteln, in der den Fremden verständlichen Sprache, die nur aus Nennformen besteht. Zu mir kommen, bitte, mich umarmen, bitte, küssen bitte, lieben bitte, alles ganz rasch hervorgestoßen mit zitternder Stimme und Lippen, über die der Speichel rinnt. Als Rosie zuerst noch, aber schon ängstlich, lacht und sagt: Unsinn, was fällt dir ein, wie alt bist du denn überhaupt? weicht er zurück, fährt aber gleich sozusagen vor ihren Augen aus seiner Kinderhaut, bekommt zornige Stirnfalten und einen wilden, gierigen Blick. Er soll mich nicht anrühren, er soll mir nichts tun, denkt Rosie und sieht sich, aber vergebens, nach Hilfe um, die Straße liegt hoch oben, hinter den Felsen, auf dem Zickzackpfad ihr zu Füßen ist kein Mensch zu sehen, und drunten am Meer erstickt das Geräusch der Brandung gewiß jeden Schrei. Drunten am Meer, da nehmen die Eltern jetzt ihr zweites Bad, wo nur Rosie bleibt, sie wollte doch nur Ansichtskarten für ihre Schulfreundinnen kaufen. Ach, das Klassenzimmer, so gemütlich dunkel im November, das hast du hübsch gemalt, Rosie, diesen Eichelhäherflügel, der kommt in den Wechselrahmen, wir stellen ihn aus. Rosie Walter und dahinter ein Kreuz, eure liebe Mitschülerin, gestorben am blauen Mittelmeer, man sagt besser nicht, wie. Unsinn, denkt Rosie und versucht noch einmal mit unbeholfenen Worten, dem Jungen gut zuzureden, es hätten aber auch beholfenere in diesem Augenblick nichts mehr vermocht. Der kleine Pan, flehend, stammelnd, glühend, will seine Nymphe haben, er reißt sich das Hemd ab, auch die Hose, er steht plötzlich nackt in der grellheißen Steinmulde vor dem gelben Strauch und schweigt erschrocken, und ganz still ist es mit einemmal, und von drunten hört man das geschwätzige, gefühllose Meer. Rosie starrt den nackten Jungen an und vergißt ihre Angst, so schön erscheint er ihr plötzlich mit seinen braunen Gliedern, seinem Badehosengürtel von weißer Haut, seiner Blütenkrone um das schweißnasse schwarze Haar. Nur daß er jetzt aus seinem goldenen Heiligenschein tritt und auf sie zukommt und die langen weißen Zähne fletscht, da ist er der Wolf aus dem Märchen, ein wildes Tier. Gegen Tiere kann man sich wehren, Rosies eigener schmalbrüstiger Vater hat das einmal getan, aber Rosie war noch klein damals, sie hat es vergessen, aber jetzt fällt es ihr wieder ein. Nein, Kind, keinen Stein, Hunden muß man nur ganz fest in die Augen sehen, so, laß ihn herankommen, ganz starr ins Auge, siehst du, er zittert, er drückt sich an den Boden, er läuft fort. Der Junge ist ein streunender Hund, er stinkt, er hat Aas gefressen, vielleicht hat er die Tollwut, ganz still jetzt, Vater, ich kann es auch. Rosie, die zusammengesunken wie ein Häufchen Unglück an der Felswand kauert, richtet sich auf, wächst, wächst aus ihren Kinderschultern und sieht dem Jungen zornig und starr in die Augen, viele Sekunden lang, ohne ein einziges Mal zu blinzeln und ohne ein Glied zu bewegen. Es ist noch immer furchtbar still und riecht nun plötzlich betäubend aus Millionen von unscheinbaren, honigsüßen, kräuterbitteren Macchiastauden, und in der Stille und dem Duft fällt doch der Junge wirklich in sich zusammen, wie eine Puppe, aus der das Sägemehl rinnt. Man begreift es nicht, man denkt nur, entsetzlich muß Rosies Blick gewesen sein, etwas von einer Urkraft muß in ihm gelegen haben, Urkraft der Abwehr, so wie in dem Flehen und Stammeln und in der letzten wilden Geste des Knaben die Urkraft des Begehrens lag. Alles neu, alles erst erwacht an diesem heißen, strahlenden Nachmittag, lauter neue Erfahrungen, Lebensliebe, Begehren und Scham, diese Kinder, Frühlings Erwachen, aber ohne Liebe, nur Sehnsucht und Angst. Beschämt zieht sich der Junge unter Rosies Basiliskenblick zurück, Schritt für Schritt, wimmernd wie ein kranker Säugling, und auch Rosie schämt sich, eben der Wirkung dieses Blikkes, den etwa vor einem Spiegel später zu wiederholen sie nie den Mut finden wird. Am Ende sitzt der Junge, der sich, seine Kleider in der Hand, rasch umgedreht hat und die Felsenstiege lautlos hinaufgelaufen ist, nur das Hündchen ist plötzlich wieder da und bellt unbekümmert und frech, der Junge sitzt auf dem Mäuerchen, knöpft sich das Hemd zu und murmelt vor sich hin, zornig und tränenblind. Rosie läuft den Zickzackweg hinab und will erleichtert sein, noch einmal davon gekommen, nein, diese Väter, was man von den Vätern doch lernen kann, und ist im Grunde doch nichts als traurig, stolpert zwischen Wolfsmilchstauden und weißen Dornenbüschen, tränenblind. Eure Mitschülerin Rosie, ich höre, du warst sogar in Italien, ja danke, es war sehr schön. Schön und entsetzlich war es, und am Ufer angekommen, wäscht sich Rosie das Gesicht und den Hals mit Meerwasser, denkt, erzählen, auf keinen Fall, kein Wort, und schlendert dann, während oben auf der Straße der Junge langsam nach Hause trottet, am Saum der Wellen zum Badestrand, zu den Eltern hin. Und so viel Zeit ist über all dem vergangen, daß die Sonne bereits schräg über dem Berge steht und daß sowohl Rosie wie der Junge im Gehen lange Schatten werfen, lange, weit voneinander entfernte Schatten, über die Kronen der jungen Pinien am Abhang, über das schon blassere Meer.

Wolfgang Koeppen

FRIEDA

Es war 1917. Ich war elf Jahre alt. Es war Krieg.

Neben unserer Wohnung, einem Amtsgebäude am Großen Haussee, hatte sich der Maurermeister Lorkowski, 1913 seinem Kaiser und der eigenen Zukunft trauend, auf ererbtem Grund, Acker und Wiesen, einen weiträumigen Handwerkersitz, Unterkunft und Werkhof, gebaut. Er hatte Heim und Arbeitsstätte liebevoll, an kommende Kinder und Nachfolger denkend, mühsam und unermüdlich, nach Tagesschweiß für fremde Bauherren, an Abenden und Feiertagen, eigenhändig und mit gequälten Lehrlingen Stein auf Stein mörtelnd, geschaffen.

Als der Dachstuhl gerichtet, Verputz und Anstrich geschehen, die Fenster verglast, die Türen eingehängt und Blumen und Sträucher in die gerodeten Furchen des alten Kartoffellandes gesät und gepflanzt waren – es sollte zwischen Haus und Straße so schön werden, eine Pracht, und es blühten die Rosen im nächsten August –, traf Lorkowski das härteste Los. Ein russischer Granatsplitter verwundete den Reserveunteroffizier der Ortelsburger Jäger in der Tannenbergschlacht, nicht weit von seiner Stadt.

Die Verletzung war schwer, der Tod nahe. Doch die Militärärzte retteten dem blutenden Lorkowski das Leben und lobten nach gelungener Operation das Leben im Rollstuhl. Der Kaiser schenkte das Gerät, aus vollen Lagern, die sich leerten. Lorkowski war halbseitig gelähmt. Er blieb es. Seine Sprache kam stockend und sabbernd aus einem schiefgerückten Mund. Wenn man ihn begrüßte, reichte er einem verlegen die linke, noch etwas beweglich gebliebene Hand, die sich auch schon eiskalt und abgestorben anfühlte. Lorkowski war ein Held. Die Kinder besuchten ihn, rollten ihn in seinem Stuhl durch den Garten. Es war ein neues Spiel.

Als der Krieg länger währte, zu lang, viel zu lang, kam niemand mehr, den Helden zu sehen und zu trösten.

Lorkowski mußte sein junges Baugeschäft aufgeben. Er konnte auf keine Leiter mehr steigen, auf keinem Gerüst sich halten, keine Kelle mehr schwingen. Seine Gesellen und Lehrlinge waren und starben an der Front. Der Meister, verschuldet durch das eigene Haus, lebte von einer Kriegerrente. Sie war klein. Preußen sparte. Ich wußte das. Ich wuchs unter Beamten auf. Wenn Lorkowski, verdammt und untätig, von Schmerzen nicht verschont, mit Morphium schlecht versorgt, in des Kaisers geschenktem Rollstuhl, vor seinem neuen Haus und im Kranz der üppig wuchernden Blumen saß, empfand er sein erträumtes Glück der Selbständigkeit als Herausforderung böser Mächte und Ursache seines Unglücks.
Lorkowski war verheiratet, doch kinderlos. Seine Frau war so alt wie er, tüchtig, zupackend. Im Krieg verstand sie, von bäuerlicher Herkunft, ein gutes Brot aus Hamstermehl vom Lande zu backen, was ihr, als das Brot auch in Masuren knapp wurde, Ansehen und Neid bescherte.
Im Sommer, an einem Hundstag mit heiß flimmerndem Licht und aufkommender Schwüle, sah ich aus meinem Fenster in Lorkowskis Garten ein kleines Mädchen zwischen den Blüten stehen. In der Stadt erzählte man sich, Herr und Frau Lorkowski hätten aus dem schon hungernden Berlin ein Ferienkind zu sich genommen. Es war zu dieser Kriegshilfe öffentlich aufgerufen worden. Alle fanden Lorkowskis Verhalten, sein Unglück bedenkend, lieb und vorbildlich.
Es war Badezeit. Die Wiesen rund um den See belebten sich sonntäglich mit Frauen und Kindern, denen Mann und Vater fehlte, die morgen vielleicht schon gefallen waren. Die Mütter hatten auf einmal Zeit. Ich lief, um allein zu baden, schon am frühen Tag zu dem Platz am See, den ich meinen nannte, eine Bucht zwischen Schilf und Binsen im strengen Duft des im Moorwasser gedeihenden Kalmus.
Ich war überrascht und zunächst verstimmt, in meinem Paradies schon ein fremdes Mädchen ruhen zu sehen. Es konnte nur Lorkowskis Berliner Ferienkind sein. Ich war nicht darauf aus, des

Mädchens Bekanntschaft zu machen, jedoch ihre Herkunft, das Wort Berlin hatten meine Neugier geweckt, meine Phantasie schon aufgewühlt. Das fremde Kind mußte anders sein als ich und, weil es aus Berlin kam, der Millionenstadt, mir viel voraus haben. Ich hatte nie in der kleinen Gemeinde leben wollen, in der ich zur Schule ging. Ich träumte von einem bunten Leben in Babylon, schönen, gefährlichen Abenteuern aus Groschenschmökern, in denen ich der Held war, im Labyrinth der Straßen.

So blieb ich vor der Berlinerin stehen und staunte sie an. Sie war so groß wie ich, war barfuß, trug ein dünnes, verwaschenes Kleid. Ihre Augen schienen mir in ihrem sehr blassen Gesicht groß, tief und geheimnisvoll zu sein. Ich glaubte, den Berliner Hunger, von dem alle sprachen, in ihren Zügen zu erkennen. Ich fand es schön und aufregend.

Ihr Haar war blond und ungekämmt. Das war nicht die Frisur braver Töchter in meiner Welt. Ich sah wilde Natur, die lockte und strähnte um den kleinen Kopf. Bei uns waren die Mädchen gekämmt und gebürstet, ihr Haar straff in weiße Schleifen gebunden nach dem strengen Geschmack des über die Sitte wachenden Königin-Luise-Vereins. Prinzessinnen des Herrscherhauses zeigten sich so auf volkstümlichen Abbildungen, dem Untertan, wie sie glaubten, zur Freude. Mir war das gleichgültig. Ich ahnte, als ich das Ferienkind so heftig ansah, eine mir bis dahin verwehrte, heimlich ersehnte Freiheit des Menschen. Ein ungewisses Verlangen überkam mich. Ich sagte, um etwas zu sagen, du kommst aus Berlin. Sogleich plapperte sie großstadtgewandt ihre kleine Geschichte; sie logiere bei ihrem Onkel, dem Maurermeister Lorkowski, der aber nicht ihr echter Onkel sei, er wünsche nur, daß sie ihn so nenne.

Es sollte heiß werden. Wir redeten vom Wetter. Die Situation war mir fremd. Ich wußte nicht, was ich tun sollte. Ich zögerte, mich vor dem Mädchen fürs Bad auszuziehen. Weil ich ohne Geschwister war, ein Junge allein, schämte ich mich. Sie sagte, sie habe wegen der zu erwartenden Mittagsglut nichts angezogen, nichts unter ihrem Kleid. Sie streifte, als fürchtete sie, ich wolle es nicht glauben, das Kleid hoch und lag nackt vor mir. Nur um ihren Hals bildete der dünne Stoff einer Krause eine Art Schleier, auf dem das Gesicht ruhte. Ihr Kopf war wie vom Rumpf getrennt, und der junge Leib gewann ein Eigenleben, wurde noch nackter als nackt, ein Aktbild, ein Gemälde: Torso eines Kindes im Gras. Ich wußte, daß es solche Bilder gab. Sie waren Kunst, stammten von berühmten Malern, fanden sich in der Kunstgeschichte im Bücherschrank und sagten mir nichts.

Ich betrachtete aber das Mädchen sehr lange und aufmerksam. Es war das erste Mal, daß ich das andere Geschlecht unverhüllt sah. Mir war nicht wohl dabei. Ich ahnte, daß mir ein Geheimnis zerstört wurde. Ich war nicht erregt. Ich war ernst. Sexualität und gar Erotik waren mir noch keine Begriffe, allenfalls etwas unbestimmt Verbotenes. In der Schule wagte keiner, darüber zu sprechen. Das Fach wurde nicht gelehrt. Ich fühlte mich unbehaglich als Zeuge von Unerlaubtem, vielleicht schon verstrickt. Mein Motiv zu bleiben: ich war gefesselt. Schließlich fragte ich sie nach ihrem Namen. Frieda. Ich lief davon, ohne gebadet zu haben.

Ich verbrachte die Ferientage am Fenster, um nach Frieda zu sehen. Oft beobachtete ich sie neben dem Rollstuhl des Maurermeisters. Sie leistete ihm Gesellschaft. Einmal schob sie den Rollstuhl durch die Blumen des Gartens. Sie ruckte das Fahrzeug mit dem Invaliden ungeduldig voran und schien mir störrisch zu sein. Ein zu früh ins Joch genommenes Fohlen. Der Maurermeister hatte das Eiserne Kreuz auf seinen geflickten Militärrock geheftet. Der Orden funkelte in der Sonne.

Ich ging nicht zu Lorkowski, Frieda zu besuchen, was nur natürlich gewesen wäre. Am See traf ich sie badend, lachend und kreischend mit anderen Jungen, meinen Schulkameraden. Das ärgerte mich, weil ich doch Frieda entdeckt hatte. Sie trug jetzt einen Badeanzug. Der Onkel hatte ihn ihr geschenkt. Ich eilte stumm vorbei, grüßte keinen und suchte mir einen einsamen Badeplatz. Das Wasser erfrischte mich nicht.

Der Herbst, die Schule, die lateinischen Verben, die Lehrsätze der Mathematik, der Winter, vereist der See, Schnee in Lorkowskis

Garten. Der Maurermeister war über dreißig. Ich zählte ihn zu den Greisen. Frieda war in Berlin. Frau Lorkowski schenkte mir zu Weihnachten einen Kuchen. Bei uns im Amtsgebäude wurde nach den Lebensmittelkarten gelebt. Ich träumte in den dunklen langen Winternächten der Kleinstadt vom selbst im Kriege lichterglänzenden Berlin und sah mir bei summendem Gasglühlicht immer wieder den Katalog des Warenhauses Wertheim an, kleine Berlinerinnen in Unterwäsche.

Frieda kam erst August 1918 wieder in unsere Stadt. Der Hunger in Berlin war schrecklich. Das Gerücht war überall. Die Berliner ernährten sich, hieß es, von Kohlrüben. Die Armen litten besonders. Der Krieg brach zusammen.

Auf dem großen Grundstück des Maurermeisters, rings um das neue Haus, waren anstelle der Blumen wieder Kartoffeln gepflanzt worden. Lorkowskis hofften, daß Frieda sich an der Kartoffelernte beteiligen würde. Sie tat es nicht. Sie hüpfte, richtig albern, mit einem leeren Korb hinter der gebückten Frau Lorkowski durch die Furchen.

Ich besuchte Frieda jetzt in Lorkowskis Haus. Wir saßen abends im Garten auf einer Bank und blickten über den grünen Kartoffelacker. Es war geschehen, ich liebte Frieda. Ich dachte dauernd an sie. Aber noch immer war es eine Liebe zur Romantik von Berlin, der großen Märchenstadt, aus der sie kam.

Es gab damals ein Buch, »Das Mädchen aus der Ackerstraße, ein Berliner Roman«. Die Erwachsenen erzählten sich, es sei ein unanständiges Buch, die Ackerstraße ein verrufenes Viertel. Ich hoffte, daß Frieda aus der Ackerstraße kam. Wir saßen auf der Gartenbank zwischen den Kartoffeln und zählten die Sternschnuppen des Augusthimmels. Ich vernachlässigte meine Freunde, die Schule, die Hausaufgaben. Es bedeutete mir viel, Friedas Knie zu streicheln. Es war verschrammt. Sie hatte doch zwischen den Kartoffeln gekniet. Ich fühlte den Schorf auf kleinen Wunden.

Dann entdeckten wir das Boot. Das Boot lag hinter dem Haus am Seeufer. Es war angekettet, es war leck und voll Wasser. Es gehörte Lorkowski, ein Kahn, größer als ein Ruderboot. Im Frieden war Baumaterial in ihm transportiert worden. Frieda sagte, wir dürfen das Boot nehmen, der Onkel erlaubt es. Sie hatte den Schlüssel für das Kettenschloß schon in der Hand.

Wir schöpften das Wasser aus dem lecken Schiff, holten aus einem Schuppen die Riemen. Ich ruderte auf den See hinaus. Der Kahn bewegte sich schwer. Mitten auf dem See ließ ich die Riemen ruhen. Die spärlichen Lichter der Stadt waren fern. Die Ufer wirkten verschlafen. Nur wir lebten. Frieda wollte baden. Sie streifte ihr Kleid über den Kopf. Wieder hatte sie unter dem Stoff nichts an. Sie schüttelte ihr Haar. Ich dachte an das Märchen der Undine. Ich betrachtete Frieda ganz von unten und schöpfte das bedrohlich steigende Wasser aus unserem sinkenden Floß.

Frieda sprang in den See. Sie hatte im vorigen Jahr schwimmen gelernt bei meinen Freunden. Das hatte mir weh getan. Sie plätscherte um das Boot herum. Manchmal entschwand sie meinem Blick, dann tauchte sie wieder auf. Sie langte zum Bootsrand, ich half ihr hinein. Der nasse Körper, das feuchte Haar. Wir hatten kein Handtuch mitgenommen. Die Luft war schon kühl. Sie streifte das Kleid über. Der Stoff durchnäßte und zeigte Friedas Gestalt wieder nackter als nackt. Sie fror. Ich nahm sie in die Arme. Sie stieß mich zurück. Ich suchte die Anlegestelle. Das Boot war voll Wasser, trug uns kaum.

So war das nun Abend für Abend. Der Herbst war schön. Die Kartoffeln faulten in der Erde. Der Maurermeister übersah es. Ich hatte zu Hause ein Badetuch gestohlen. Frieda schwamm, auch als das Wasser schon sehr kalt war. Ich rieb sie mit dem Badetuch ab. Wir standen immer bis über die Knöchel im Wasser des Boots. Frieda roch nach dem See, nach Schilf, nach Fischen, Moor, dem ätherischen Öl des Kalmus, ich meinte, nach Seerosen. Ich küßte Frieda erst, wenn ich allein war in meinem Bett. Ich streckte das Badetuch lang neben mich hin, umarmte es, es war naß, es war feucht, es war Frieda.

Es hingen Nebel. Wir spielten Versteck zwischen den ungeernteten Kartoffelstauden. Ein Nachtschattengewächs, sich selbst überlassen, bittergrün und giftig. Frieda sagte, leg dich zu mir. Wir wollten uns die Sterne ganz von unten ansehen. Wir fühlten in der Ackerfurche unsere Wärme. Ist es so im Grab, fragte sie. Ich sagte, im Doppelgrab. Liebende werden so beigesetzt. Sie bohrte weiter, ob der Onkel stirbt? Ich fragte, warum. Sie sagte, der Onkel drängt immer an mein Bett. Er will in meine Kammer. Er kommt mit dem Rollstuhl nicht durch die Tür. Er ist ganz verzweifelt. Ich soll ihm helfen. Ich mag das nicht. Ich fragte weiter, warum. Mein Auge hielt ihre Lippen. Sie sagte, er streichelt mich. Er streichelt mich mit seiner gesunden Hand, die so kalt und steif ist. Der Rollstuhl umklammert ihn. Läßt ihn nicht. Hält ihn fest mit seinen widerlichen Gurten. Ich war verstört. Ich wagte nicht, noch zu fragen.

Ich ging am Mittag zu Lorkowskis. Der Flur duftete nach frischem Brot und Kuchen. Der Maurermeister saß in der Diele in seinem Rollstuhl. Die Diele war, wie landesüblich, mit weißem Sand ausgestreut. Das glänzte und war die Sauberkeit selbst. Noch 1918 eine heile Welt. Ich fragte nach Frieda. Lorkowskis schiefer Mund mühte sich um die Antwort. Er litt Atemnot. Sein Gesicht schwoll rot an. Schließlich verstand ich sein erregtes Stammeln: Frieda wollte wieder nach Berlin, es gefiel ihr wohl nicht bei uns. Frau Lorkowski brachte sie grade zur Bahn.

Ich lief fort aus Lorkowskis Haus, flog über den Kartoffelacker, hetzte den weiten Weg zum Bahnhof, hörte den langen Pfiff der Lokomotive, sah den Zug in Fahrt, nach Berlin, nach Berlin. Frau Lorkowski trat mir in der Bahnhofshalle entgegen. Ich schrie Frieda, Frieda! Frau Lorkowski hatte ein hartes, böses Gesicht, das ich nicht kannte. Sie sagte, die Frieda taugte nichts.

»SEIT ACHTUNDFÜNFZIG JAHREN
LEBEN WIR NUN ZUSAMMEN,
UND ICH LIEBE DICH MEHR DENN JE.«

Cesare Pavese
HOCHZEITSREISE

I

Jetzt habe ich, vom Leben geschlagen und von Gewissensqualen geplagt, begriffen, wie töricht es ist, Phantastereien zuliebe die Wirklichkeit beiseite zu schieben und den Anspruch zu erheben, etwas zu empfangen, wenn man nichts zu geben hat – aber jetzt ist Cilia tot. Ich denke manchmal, daß ich, ergeben in die Mühsal und Bescheidenheit meines gegenwärtigen Lebens, heute mit Freuden in jener Zeit leben würde, wenn sie zurückkehrte. Oder vielleicht ist dies wieder eine meiner Phantasien: ich habe Cilia gequält, als ich jung war und mich noch nichts hätte aufbringen dürfen, und ich würde sie nun quälen aus Bitterkeit und der Übellaunigkeit meines schlechten Gewissens. Zum Beispiel bin ich mir in allen diesen Jahren noch nicht darüber klargeworden, ob ich sie wirklich gern hatte. Jetzt vermisse ich sie natürlich, sie lebt in mir, sobald ich meine Gedanken sammle; es vergeht kein Tag, wo ich nicht immer wieder schmerzlich in den Erinnerungen jener beiden Jahre wühle. Und ich verachte mich darum, daß ich sie habe sterben lassen, wobei ich mehr unter meiner Einsamkeit leide als darunter, daß sie so jung sterben mußte. Aber – und nur das zählt –: habe ich sie damals wirklich gern gehabt? Gewiß nicht so klar und bewußt, wie man es seiner Frau schuldig ist.
In Wirklichkeit schuldete ich ihr nur zuviel, und ich wußte ihr als Entgelt nichts anderes zu geben, als daß ich ihre Beweggründe blindlings verdächtigte. Und es ist immerhin ein Glück, daß ich in dem mir angeborenen Leichtsinn mich in dieses trübe Wasser nicht tiefer hineinzustürzen vermochte, denn ich begnügte mich damals mit einem rein instinktiven Mißtrauen und verweigerte bestimmten, heimlich nagenden Gedanken Gestalt und Gewicht; hätte ich sie bis auf den Grund der Seele sinken lassen, so hätten

sie mich gänzlich vergiftet. Wie dem auch sei – ich fragte mich manchmal: ›Warum hat Cilia mich geheiratet?‹ Ich weiß nicht, was mich dazu bewog, mir diese Frage zu stellen, ob das Bewußtsein eines in mir verborgenen Wertes oder das einer tiefen Unzulänglichkeit. Jedenfalls grübelte ich darüber nach.

Daß Cilia mich geheiratet hatte und nicht ich sie, daran war kein Zweifel. Jene Abende der Niedergeschlagenheit, die ich in ihrer Gesellschaft damit zubrachte, ruhelos durch die Straßen zu wandern, wobei ich scheinbar unbefangen ihren Arm drückte und ihr im Spaß vorschlug, wir wollten zusammen in den Fluß springen – ich gab diesen Gedanken nicht viel Gewicht, denn ich war an sie gewöhnt –, jene Abende verwirrten und rührten sie so sehr, daß sie mir von ihrem Angestelltenlohn eine kleine Summe anbot, damit ich mir in Ruhe eine bessere Arbeit suchen könnte. Ich wollte das Geld nicht haben, ich sagte ihr vielmehr, es sei mir genug, wenn ich am Abend mit ihr zusammen wäre, auch ohne daß man irgendwohin ginge. So sind wir da hineingerutscht. Sie fing es folgendermaßen an: erst sagte sie mir sehr sanft, es fehle mir jemand, der zu mir passe und mit dem ich leben könne. Ich bummelte zuviel durch die Straßen, sagte sie; aber eine Frau, die mich liebe, würde mir ein Zuhause schaffen, daß ich, sobald ich heimkäme, wieder vergnügt würde, so müde oder verdrossen mich der Tag auch gemacht habe. Ich versuchte zu antworten, ich könne nicht einmal genügend für mich allein sorgen; aber ich fühlte selbst, daß dies kein Grund dagegen war. »Zu zweit kann man sich helfen«, sagte Cilia, »und man spart. Man braucht einander nur ein bißchen gern zu haben, Giorgio.« Ich war an jenen Abenden müde und bedrückt, Cilia war lieb und verständnisvoll in ihrem hübschen, selbstgeschneiderten Mantel und mit der etwas rissigen Handtasche: warum sollte ich ihr diese Freude nicht machen? Welche Frau war mehr geschaffen für mich als sie? Sie kannte die Arbeit, kannte die Entbehrungen, ihre Eltern waren Arbeiter gewesen, sie war verwaist; sie war willig und zugleich ernsthaft – mehr jedenfalls, als ich.

Ich sagte belustigt, wenn sie mich so nehme, wie ich sei: mürrisch und arbeitslos, würde ich sie heiraten. Ich war zufrieden; die Wärme der guten Tat und der Mut, den ich an mir entdeckte, richteten mich auf. Ich sagte zu Cilia: »Ich werde dir das Französische beibringen.« Sie antwortete mir mit einem Lachen in ihren demütigen Augen und klammerte sich an meinen Arm.

II

Zu jener Zeit hielt ich mich für aufrichtig und warnte sie noch vor meiner Armut. Ich wies sie darauf hin, daß ich kaum genug für den Tag verdiente und nicht wußte, was ein richtiger Lohn sei. Die Anstalt, an der ich Französisch unterrichtete, bezahlte mich nach Stunden. Eines Tages sagte ich ihr, wenn sie sich eine Position schaffen wolle, müsse sie sich einen anderen suchen. Cilia zog einen Flunsch und bot mir an, ihre Stellung als Verkäuferin beizubehalten. »Du weißt genau, daß ich das nicht will«, brummte ich. In dieser Lage heirateten wir.

Mein Leben änderte sich nicht spürbar. Schon früher war Cilia an bestimmten Abenden zu mir in mein Zimmer gekommen. Die Liebe war nichts Neues. Wir nahmen zwei mit Möbeln vollgestopfte Zimmer; das Schlafzimmer hatte ein helles Fenster, an das wir den kleinen Tisch mit meinen Büchern schoben.

Cilia allerdings wurde eine andere. Ich hatte im stillen gefürchtet, sie werde, wenn sie einmal verheiratet sei, eine vulgäre Nachlässigkeit hervorkehren, die meiner Vorstellung nach eine Eigenschaft ihrer Mutter gewesen war; statt dessen fand ich sie aufmerksamer und feiner, als ich es war. Immer sauber gekleidet, immer ordentlich; sogar der ärmliche Tisch, den sie in der Küche für mich deckte, war ein Beweis ihrer freundlichen Gesinnung, der Sorgfalt ihrer Hände, ihrer lächelnden Bereitwilligkeit. Und gerade dieses Lächeln hatte sich gewandelt. Es war nicht mehr das halb furchtsame, halb schlaue Lächeln der Verkäuferin, die heimlich zu einem Abenteuer eilt, sondern es schimmerte in ihm, noch zögernd, eine bestimmte Zufriedenheit; dieses Lächeln erschien auf ihrem jugendlich mageren Gesicht friedlich, scheu und ernsthaft zugleich. Bei diesem Zeichen einer Freude, die ich nicht immer teilte, verspürte ich einen leichten Groll. ›Sie hat mich geheiratet und genießt das‹, dachte ich.

Nur morgens beim Aufwachen war mein Herz froh. In der behaglichen Wärme des Betts drehte ich den Kopf nach ihr und rückte näher zu ihr hin; sie lag lang ausgestreckt und schlief oder tat, als schlafe sie, und dann blies ich in ihr Haar. Cilia lachte halb im Schlaf und umarmte mich. Früher hingegen hatte mein einsames Erwachen mich wie erstarrt und auch verzagt gemacht, während ich in die Morgendämmerung hinaussah.

Cilia liebte mich. Sobald sie aufgestanden war, begann für sie ein anderes Leben: in Bewegung sein, alles in Ordnung bringen, Fenster aufsperren, mich heimlich ansehen. Setzte ich mich an den Tisch, so schlich sie vorsichtig umher, um mich nicht zu stören; schickte ich mich an, fortzugehen, so folgte mir ihr Blick bis zur Tür. Kam ich zurück, so sprang sie eifrig auf.

Es gab Tage, an denen ich nicht gern nach Hause zurückkehrte. Es störte mich schon, daran zu denken, daß sie unvermeidlich auf mich warten würde – obwohl sie sogar tun konnte, als liege ihr nichts an meinem Kommen –, es störte mich, daß ich mich neben sie setzen, ihr immer so ungefähr die gleichen Dinge sagen würde oder auch nichts, daß wir uns verlegen anblicken und uns zulächeln würden – und genauso übermorgen und jeden weiteren Tag. Es brauchte nur ein wenig Nebel oder eine grau verhangene Sonne zu sein, und schon neigte ich zu solchen Gedanken. Oder im Gegenteil, es war ein klarer Tag mit heller Luft, oder die Sonne brannte auf die Dächer, oder der Wind brachte einen Duft mit, der mich einhüllte und entzückte – und ich zögerte unterwegs, weil mich die Vorstellung ärgerte, daß ich nicht mehr allein war, nicht mehr bis in die Nacht bummeln und in der Osteria hinten in dem einen Corso irgend etwas essen konnte. Da ich immer allein gewesen war, schien es mir schon viel, meine Frau nicht zu betrügen.

Cilia hatte sich, während sie zu Hause auf mich wartete, angewöhnt, für andere zu flicken, und verdiente sich dadurch etwas Geld. Die Arbeit besorgte ihr eine Hausgenossin von etwa dreißig Jahren, eine gewisse Amalia, die uns einmal zum Essen einlud. Sie lebte allein in der Wohnung unter uns; nach und nach gewöhnte sie sich an, mit der Arbeit zu Cilia heraufzukommen, und sie verbrachten den Nachmittag zusammen. Ihr Gesicht war durch ein schreckliches Brandmal entstellt, sie hatte sich als Kind einen Topf mit kochendheißem Wasser über den Kopf gegossen; ihre traurigen, ängstlichen Augen, voller Begierden, wichen dem Blick anderer aus, als wolle sie damit, daß sie sich so bescheiden gab, ihre entstellten Züge entschuldigen. Sie war ein gutes Mädchen. Ich sagte zu Cilia, sie erscheine mir wie eine ältere Schwester von ihr, und ich scherzte und fragte sie, ob ich, wenn ich sie eines schönen Tages verließe, mit Amalia zusammenleben solle. Cilia sagte, sie würde es mir nachsehen, wenn ich sie mit Amalia betrüge; aber mit einer anderen – wehe mir! Amalia redete mich mit Signore an und wurde in meiner Gegenwart schüchtern, was Cilia und mir Anlaß zu einer tollen Heiterkeit gab und mir ein wenig schmeichelte.

III

Das spärliche Gepäck an Studien, das die Ausübung eines Berufes schlecht und recht ermöglichte und die Wurzel so vieler Verschrobenheiten und schlechter Handlungen war, hätte eine gute Möglichkeit für die Gemeinschaft mit Cilia abgeben können, wäre ich nicht so unbeständig gewesen. Cilia war sehr aufgeweckt und wollte unbedingt alles können, was ich konnte, denn da sie mich gern hatte, empfand sie ihr Gefühl, meiner nicht würdig zu sein, als Schuld und wollte durchaus alles wissen, was ich dachte. Und wer weiß – wäre es mir geglückt, ihr diese armselige Freude zu machen, so hätte ich damals, in der ruhigen Vertrautheit gemeinsamer Beschäftigung, vielleicht begriffen, wie groß ihr Wert war, wie schön und wesentlich unser Leben hätte sein können, und

vielleicht würde Cilia noch an meiner Seite leben, mit jenem Lächeln, das ihr in zwei Jahren auf den Lippen gefror.
Ich begann wie immer mit Begeisterung. Cilias Bildung bestand aus wenigen Fortsetzungsromanen, aus den täglichen Zeitungsnachrichten und aus einer harten, frühzeitigen Lebenserfahrung. Was sollte ich sie lehren? Sie hätte indes gern Französisch gelernt und hatte, wer weiß wie, von dieser Sprache schon einiges aufgespürt: wenn sie allein zu Hause saß, suchte sie sich in meinen Wörterbüchern etwas zusammen. Aber ich strebte nach Höherem, ich nahm mir vor, sie müsse die schönsten Bücher lesen und begreifen, von denen ich – mein größter Schatz – einige auf meinem Tisch stehen hatte. Ich konnte es nicht erwarten, ihr Romane und Gedichte zu erklären, und Cilia tat ihr Bestes, mir zu folgen. Zu erkennen, was an einer Erzählung, an einem Gedanken schön und richtig ist, und es mit begeisterten Worten auszudrücken – darin war ich groß. Ich bemühte mich, ihr verständlich zu machen, wie frisch viele Seiten alter Bücher noch heute sind, wie wahr alle die Empfindungen, die gefühlt wurden, als ich und sie noch nicht auf der Welt waren, und wie schön und verschieden das Leben für viele Menschen und viele Zeiten gewesen ist. Cilia hörte mir aufmerksam zu, stellte Fragen und brachte mich oft in Verlegenheit. Manchmal, wenn wir auf der Straße gingen oder schweigend aßen, bat sie mich ganz offen, ich solle ihr bestimmte Zweifel klären; und eines Tages, als ich ihr ohne Überzeugung oder mit Ungeduld – ich weiß es nicht mehr – antwortete, lachte sie laut los.
Ich erinnere mich an mein erstes Geschenk in unserer Ehe: ein Buch, *La figlia del mare*. Ich gab es ihr vier Wochen nach der Hochzeit, eben als wir mit der Bücherlektüre begannen. Bis dahin hatte ich ihr nie etwas gekauft, weder Geschirr noch Kleidung, dafür waren wir zu arm. Cilia freute sich sehr und schlug das Buch ein, aber gelesen hat sie es nie.
Mit dem wenigen ersparten Geld gingen wir manchmal ins Kino, und daran hatte Cilia richtig Spaß. Es gefiel ihr dort auch darum, weil sie sich eng an mich schmiegen und mich immer wieder

um Erklärungen bitten konnte, die ihrem Verständnis angemessen waren. Nie wollte sie, daß Amalia mit uns ins Kino ging, obwohl diese eines Abends darum gebeten hatte. Wir beide hatten uns in einem Kino kennengelernt, erklärte sie mir, und in dieser beglückenden Dunkelheit mußten wir allein sein.
Die häufige Anwesenheit Amalias bei uns zu Hause und meine wohlverdienten Enttäuschungen bewirkten, daß ich die auf ihre Erziehung ausgerichtete Bücherlektüre rasch vernachlässigte und dann ganz aufgab. Ich begnügte mich damit, wenn ich dazu aufgelegt war, mit den beiden zu spaßen. Amalia verlor ein wenig ihre Unterwürfigkeit, und als ich eines Abends aus der Lehranstalt sehr spät und nervös zurückkehrte, kam es sogar so weit, daß ich in dem schüchternen Blick, den sie auf mich richtete, das Aufblitzen eines argwöhnischen Vorwurfs bemerken konnte. Da stieß mich die schreckliche Narbe in ihrem Gesicht noch mehr ab; ich suchte boshaft die zerstörten Linien darin aufzuspüren; und ich sagte zu Cilia, als wir allein waren, womöglich habe Amalia als kleines Mädchen ihr geähnelt.
»Die Ärmste!« rief Cilia. »Sie gibt alles Geld, das sie verdient, für eine Heilung aus. Sie hofft dann einen Mann zu finden.«
»Aber verstehen denn die Frauen nichts anderes, als sich einen Mann zu suchen?«
»Ich habe ihn gefunden«, sagte Cilia lächelnd.
Ich grinste. »Und wenn es dir ergangen wäre wie Amalia?«
Cilia trat nahe an mich heran. »Würdest du mich dann nicht mehr leiden mögen?« fragte sie stammelnd.
»Nein.«
»Aber was ist denn heute abend mit dir los? Paßt es dir nicht, wenn Amalia zu uns kommt? Sie gibt mir Arbeit und hilft mir.«
Ich hatte an jenem Abend nichts weiter, als daß ich nicht von der Idee loskam, Cilia sei auch nicht anders als Amalia; beide stießen mich ab, und darüber war ich wütend. Ich musterte Cilia mit harten Augen, und ihre beleidigte Zärtlichkeit stimmte mich mitleidig und zornig zugleich. Unterwegs hatte ich einen Ehemann gesehen, dem zwei schmutzige Kinder am Hals hingen, und hinter

ihm ging eine kleine verblühte Frau, seine Frau. Ich stellte mir Cilia als alte, häßlich gewordene Frau vor, und das schnürte mir die Kehle zu.
Draußen schienen die Sterne. Cilia betrachtete mich schweigend.
»Ich gehe spazieren«, sagte ich mit einem häßlichen Lächeln. Und ich verließ das Zimmer.

IV

Ich hatte keine Freunde, und manchmal begriff ich, daß Cilia mir alles bedeutete, das ganze Leben. Daran dachte ich, wenn ich die Straßen überquerte, und es schmerzte mich, nicht so viel zu verdienen, daß ich ihr leicht meine ganze Schuld hätte bezahlen können: dann hätte ich mich nicht mehr zu schämen brauchen, wenn ich nach Hause kam. Ich verschwendete nichts von dem, was wir verdienten – ich rauchte nicht einmal; voller Stolz betrachtete ich wenigstens meine Gedanken als etwas, was mir allein gehörte. Aber was sollte ich mit diesen Gedanken anfangen? Ich ging langsam nach Hause, besah die Leute, fragte mich, auf welche Art so viele das Glück erreichten, und sehnte mich nach Veränderungen und sonderbaren Zufällen.
Ich hielt mich im Bahnhof auf und beobachtete den Rauch und den Verkehr. Für mich war Glück immer gleichbedeutend mit dem fernen Abenteuer, der Abreise, dem Schiff auf dem Meer, der Einfahrt in den fremden Hafen mit dem metallischen Klang der Rufe – die ewige Phantasterei. Eines Abends blieb ich erschreckt stehen: ich begriff plötzlich, daß ich mich beeilen müsse, mit Cilia, solange sie jung und verliebt war, eine Reise zu machen; sonst würden mich später eine verblühte Frau und ein schreiendes Kind auf immer daran hindern. ›Wenn wir doch Geld hätten‹, dachte ich wieder einmal. ›Mit Geld kann man alles machen.‹
Das Glück muß man sich verdienen, sagte ich mir, man muß jede Last, die das Leben einem bringt, auf sich nehmen. Ich habe ge-

heiratet, aber ich wünsche kein Kind. Oder war das dumm? Sollte doch mit einem Kind das Glück ins Haus kommen?
Immer in sich gekehrt leben hat etwas Bedrückendes; denn ein an heimliche Gedanken gewöhntes Gehirn wagt es nicht, sich einen Ausweg in richtige Dummheiten zu suchen; wer nur an sie denkt, wird von ihnen gequält. Daß ich mir angewöhnt habe, trüben Gedanken nachzuhängen, hat nur darin seinen Ursprung.
Bisweilen hing ich meinen phantastischen Träumen selbst im Bett nach. In manchen ganz stillen Nächten ohne Wind traf mich plötzlich das ferne, wilde Pfeifen eines Zuges, ließ mich hochfahren, während Cilia neben mir schlief, und rief meine verrückten Vorstellungen wieder wach.
Eines Nachmittags ging ich am Bahnhof vorüber, ohne auch nur stehenzubleiben; da taucht ein bekanntes Gesicht auf und ruft mir einen Gruß zu. Malagigi: seit zehn Jahren hatte ich ihn nicht gesehen. Hand in Hand blieben wir stehen und freuten uns über das Zusammentreffen. Gar nicht mehr schmutzig und boshaft, nicht mehr der Teufel, der Tintenkleckserеien machte und auf dem Abort Streiche ausheckte. Ich erkannte ihn an dem Grinsen von früher.
»Malagigi, du lebst noch?«
»Ich lebe, und zwar als Buchhalter.« Die Stimme war nicht mehr die von früher. Es sprach ein Mann.
»Willst du auch verreisen?« fragte er sofort. »Rate, wohin ich gehe.« Dabei nahm er vom Boden einen Lederkoffer auf, der genau zu dem hellen Regenmantel und zur Eleganz seines Schlipses paßte, und hakte sich bei mir ein. »Bring mich an den Zug. Ich reise nach Genua.«
»Ich hab's eilig.«
»Danach geht es nach China.«
»Aber nein!«
»So seid ihr allesamt. ›Nach China geht man doch nicht.‹ Was habt ihr eigentlich gegen China? Statt mir alles Gute zu wünschen! Ich könnte ja auch nicht zurückkommen. Du bist auch nicht anders als manche Frau.«

»Was für einen Beruf übst du denn dort aus?«
»Ich gehe nach China! Komm herein!«
»Nein, ich kann nicht. Ich bin in Eile.«
»Dann komm und trink einen Kaffee. Du bist der letzte, dem ich auf Wiedersehen sage.«
Wir tranken den Kaffee im Bahnhof, an der Theke, und Malagigi erzählte mir unruhig, sprunghaft von seinen Schicksalen. Er war nicht verheiratet. Er hatte ein Kind gehabt, aber das war gestorben. Die Schule hatte er nach mir verlassen, hatte sie aber nicht ganz durchgemacht. Einmal, als er eine Prüfung wiederholen mußte, hatte er an mich gedacht. Seine Schule war der Lebenskampf gewesen. Alle Firmen rissen sich um ihn. Und er sprach vier Sprachen. Und sie schickten ihn nach China.
Ich gab vor, Eile zu haben, was gar nicht stimmte, und befreite mich von ihm, verärgert und niedergeschlagen. Als ich zu Hause ankam, war ich von der Begegnung noch immer bewegt: meine Gedanken schossen hin und her, eine farblos gewordene Jugend war zu unerwartet wieder aufgetaucht, die Ungereimtheit dieses Schicksals regte mich auf. Nicht daß ich Malagigi beneidet oder daß er mir gefallen hätte; aber daß diese lebendige, absurde Wirklichkeit, in die ich soeben flüchtig hineingeblickt hatte, sich über eine schon graue, zu mir gehörende Erinnerung schob – das quälte mich.
Das Zimmer war leer, denn jetzt ging Cilia oft zu Amalia hinunter, um dort zu arbeiten. Ich blieb eine Weile still für mich und dachte über alles nach in dem Dunkel, in das die bläuliche Gasflamme, auf der der Topf sachte zu kochen anfing, einen matten Schimmer warf.

V

Viele Abende verbrachte ich so, wartend, allein in dem Zimmer, ging hin und her oder warf mich aufs Bett, versunken in jene ganz tiefe Stille des Leeren, die von der Düsternis der Abenddämmerung gemildert und nach und nach erfüllt wurde. Die Geräusche von den darunterliegenden Stockwerken oder von weiter her – Rufe von Kindern, Lärm, Vogelschreie und einzelne Stimmen – reichten kaum bis zu mir herauf. Cilia merkte bald, daß ich mich, wenn ich heimkam, nicht mit ihr beschäftigte; sie steckte den Kopf, weiternähend, aus Amalias kleiner Wohnung, um mich kommen zu hören und mich zu rufen. Ich trat – wenn sie mich hörte – gleichgültig ein, sagte irgend etwas und fragte einmal Amalia ernsthaft, warum sie nicht mehr zu uns heraufkomme, wo es heller sei, und uns zwinge, jeden Abend unser Heim zu verlassen. Amalia sagte nichts, und Cilia wandte die Augen ab und bekam einen roten Kopf.

Eines Nachts sprach ich, um ihr irgend etwas zu erzählen, von Malagigi, und sie mußte über diese sonderbare Figur herzlich lachen. Ich beklagte mich jedoch, daß er sein Glück mache und nach China gehe. »Nach China reisen«, sagte Cilia seufzend, »das würde mir auch gefallen.« Ich verzog das Gesicht. »Vielleicht in einem Foto, das wir Malagigi schicken.«

»Und für uns gibt es keins?« fragte sie. »Giorgio, wir haben noch kein Foto von uns beiden.«

»Hinausgeworfenes Geld.«

»Lassen wir uns fotografieren!«

»Aber wir müssen uns ja nicht verlassen! Wir sind doch Tag und Nacht zusammen. Ich mag keine Fotos.«

»Wir haben geheiratet und keine Erinnerung daran. Lassen wir jetzt eins von uns machen!«

Ich gab keine Antwort.

»Wir werden wenig Geld dafür ausgeben. Das Foto behalte dann ich.«

»Laß dir eins mit Amalia machen.«

Am nächsten Morgen lag Cilia mit dem Gesicht zur Wand, die Haare über den Augen, und wollte mich um keinen Preis ansehen. Ich versuchte einige Liebkosungen, merkte, daß sie nicht mochte, und sprang verärgert aus dem Bett. Auch Cilia stand auf, wusch sich das Gesicht und gab mir mit einer gewissen Vorsicht den Kaffee, wobei sie die Augen gesenkt hielt. Ich ging, ohne ein Wort mit ihr zu reden.

Nach einer Stunde kam ich zurück. »Wieviel ist auf dem Sparbuch?« rief ich. Cilia sah mich überrascht an. Sie saß mit einem verwirrten Gesicht am Tisch. »Ich weiß es nicht. Das Buch hast du. Dreihundert Lire, glaube ich.« »Nein, dreihundertfünfzehn Lire und siebzig Centesimi. Hier sind sie!« Und ich warf die Rolle auf den Tisch. »Gib sie aus, wofür du willst. Feiern wir ein Fest! Es ist dein Geld.«

Cilia erhob sich und trat auf mich zu.

»Warum tust du das, Giorgio?«

»Weil ich ein blöder Kerl bin. Hör mal, ich habe keine Lust, groß zu reden. Geld spielt, wenn es wenig ist, keine Rolle. Willst du noch das Foto?«

»Aber, Giorgio, ich will, daß du zufrieden bist.«

»Ich bin zufrieden.«

»Du, ich hab dich gern.«

»Ich dich auch.« Ich nahm sie am Arm, setzte mich, zog sie auf meine Knie: »Hierher den Kopf, los!« Und das sagte ich so richtig zärtlich. Cilia sagte nichts, sie lehnte ihre Wange an die meine.

»Wann gehen wir?«

»Es ist nicht so wichtig«, flüsterte sie.

»Dann hör zu!« Ich nahm sie am Nacken und lächelte ihr zu. Cilia, noch immer zitternd, drückte sich an meine Schulter und wollte mich küssen. »Meine Liebe, laß uns rechnen. Wir haben dreihundert Lire. Kümmern wir uns um überhaupt nichts mehr, machen wir eine kleine Reise. Aber sofort. Jetzt. Wenn wir darüber nachdenken, reut es uns. Sag es keinem Menschen, auch nicht Amalia. Wir sind nur einen Tag fort. Das soll die Hochzeitsreise sein, die wir nicht gemacht haben.«

»Giorgio, warum hast du sie damals nicht machen wollen? Damals sagtest du, das wäre Unsinn.«

»Ja. Aber dies ist keine Hochzeitsreise. Siehst du, jetzt kennen wir uns. Wir sind sozusagen Freunde. Kein Mensch erfährt davon. Und dann – wir haben die Reise nötig. Du etwa nicht?«

»Natürlich, Giorgio, mir ist es recht. Wohin fahren wir?«
»Ich weiß es noch nicht, aber es geht sofort los. Möchtest du ans Meer reisen? Nach Genua?«

VI

Schon im Zug zeigte ich eine gewisse Unruhe, und Cilia, die mich bei der Abreise zum Sprechen zu bringen suchte, meine Hand festhielt und vor Aufregung ganz außer sich war, begriff nun, da sie mich so mißgestimmt fand, sehr rasch; sie zog ein Gesicht und sah aus dem Fenster. Ich starrte schweigend ins Leere und spürte, wie Räder und Schienen im Rhythmus meinen Körper erschütterten. Im Wagen saßen Menschen; ich beachtete sie kaum. Neben mir flogen Wiesen und Hügel vorüber. Auch Cilia, mir gegenüber, hatte sich zum Fenster hingebeugt, sie schien auf etwas zu horchen, doch bisweilen versuchte sie mit schnell wieder ausweichenden Augen ein Lächeln. So belauerte sie mich lange.
Bei Nacht kamen wir an und fanden schließlich ein großes, stilles Albergo, versteckt zwischen den Bäumen einer verlassenen Allee. Aber erst suchten wir eine Zeitlang und stiegen hinauf und hinunter durch endlose, gewundene Gassen. Es war trübe und kühl, ein Wetter, das einem Lust machte, spazierenzugehen, die Nase in der Luft. Aber Cilia hing mir todmüde am Arm, und ich war recht erleichtert, als ich etwas fand, wo sie sich setzen konnte. Viele blendend helle Straßen hatten wir durchstreift, viele dunkle Gassen, mit klopfendem Herzen, ohne je ans Meer zu gelangen, und die Menschen achteten nicht auf uns. Wir wirkten wie irgendein Paar, das spazierengeht; nur daß wir öfter vom Bürgersteig heruntergingen, und daß Cilia auf Vorübergehende und Häuser ängstliche Blicke warf.
Das Albergo war das rechte für uns: es war gar nicht elegant, und an einem weißen Tisch aß ein starkknochiger junger Mann mit aufgekrempelten Ärmeln. Uns empfing eine hochgewachsene, stol-

ze Frau mit einem Korallenschmuck auf dem Busen. Ich war froh, daß ich mich setzen konnte; das Umherlaufen mit Cilia hatte mich immerhin daran gehindert, mich in das zu vertiefen, was ich in mir selbst erblickte. Ich war ja in meinen Gedanken immer mit mir beschäftigt; und doch hatte ich sie neben mir dulden und ihr wenigstens mit Gesten antworten müssen. Jetzt wollte ich die fremde Stadt allein betrachten, allein kennenlernen; darum war ich hergekommen.

Zitternd vor Spannung wartete ich unten, um das Abendessen zu bestellen; ich stieg nicht einmal mit hinauf, das Zimmer zu sehen und alles selbst zu bereden. Der junge Mann dort zog mich an, sein rötlicher Schnurrbart, sein verhangener, einsamer Blick. Auf dem Unterarm hatte er, verblichen, eine Tätowierung. Er nahm eine geflickte dunkelblaue Jacke vom Stuhl und ging.

Es war schon Mitternacht, als wir an unserem Tisch saßen. Cilia lachte sehr über die leicht gereizte Miene der Padrona. »Sie glaubt wohl kaum, daß wir verheiratet sind«, stammelte sie. Dann, mit müden, zärtlichen Augen: »Aber wir sind es, nicht wahr?« Und sie streichelte meine Hand.

Wir erkundigten uns nach den verschiedenen Sehenswürdigkeiten. Der Hafen war am Ende der Allee, hundert Schritte entfernt. »Sieh einmal an!« sagte Cilia. Sie war müde, aber diesen Spaziergang wollte sie noch mit mir machen.

Mit angehaltenem Atem standen wir schließlich am Geländer einer Terrasse. Es war eine wolkenlose, aber dunkle Nacht, die Straßenlampen ließen den kühlen schwarzen Abgrund, der vor uns lag, noch tiefer erscheinen. Ich sagte kein Wort, ich atmete den wilden Geruch erschauernd ein.

Cilia blickte rundum und zeigte auf eine Reihe Lichter, die im Leeren zitterten. Ein Schiff? Die Mole? Aus dem Dunkel kam ein schwacher Windhauch, hin und wieder ein Lärm von Stimmen, ein klatschendes Geräusch. »Morgen«, sagte sie begeistert, »morgen werden wir das alles sehen.«

Während wir in das Albergo zurückkehrten, preßte Cilia sich hartnäckig dicht an mich. »Wie bin ich müde! Giorgio, schön ist das!

Morgen. Ich freue mich. Freust du dich auch?« Und sie rieb die Wange an meiner Schulter.
Ich spürte es kaum. Ich ging mit zusammengebissenen Zähnen, ich atmete, der Wind strich mir schmeichelnd ums Gesicht. Ich war unruhig, fern von Cilia, allein auf der Welt. Als wir die Treppe kaum zur Hälfte hinaufgestiegen waren, sagte ich zu ihr: »Ich habe noch keine Lust zum Schlafen. Geh du hinauf. Ich mache ein paar Schritte auf dem Corso und komme dann zurück.«

VII

Und auch jenes Mal war es das gleiche. All das Böse, das ich Cilia angetan habe – weswegen mich noch jetzt so verzweifelt das Gewissen plagt, im Bett, in der Morgendämmerung, wenn ich mich nicht dagegen wehren, nicht fliehen kann –, all dieses Böse vermochte ich nicht mehr zu vermeiden.
Ich tat alles immer wie ein Tor, wie im Traum, und wurde meiner selbst bewußt erst am Schluß, als auch die Gewissensqual keinen Zweck mehr hatte. Jetzt erkenne ich, wenn auch nur ungefähr, wie es in Wahrheit war: ich habe an der Einsamkeit eine solche Freude, ein solches Genügen gehabt, daß jeder Sinn für eine menschliche Beziehung bis zur Atrophie dahinschwand, so daß ich unfähig wurde, irgendeine Zärtlichkeit zu erwidern. Cilia war für mich nicht etwa ein Hindernis; sie existierte einfach nicht. Hätte ich dies nur begriffen, hätte ich geahnt, daß ich mir selber böse mitspielte, wenn ich mich so verstümmelte, so hätte ich sie wenigstens mit einer unendlichen Dankbarkeit entschädigen können! Denn ihre Gegenwart war im Grunde meine einzige Rettung.
Aber hat je das Schauspiel der Angst eines anderen Menschen genügt, um einem Mann die Augen zu öffnen? Oder braucht es nicht statt dessen den Angstschweiß des Todeskampfs und die heftige Qual, die sich dann mit uns erhebt, uns unterwegs begleitet, sich neben uns niederlegt und uns nachts aufweckt, immer unbarmherzig, immer frisch und voll Schmach?

Bei Tagesanbruch, es war neblig und feucht, die Allee noch verlassen, kehrte ich erstarrt ins Albergo zurück. Cilia und die Padrona fand ich auf der Treppe, nachlässig gekleidet, sie stritten, und Cilia weinte. Als ich eintrat, stieß die Padrona – sie war im Schlafrock – einen Schrei aus. Cilia blieb, ohne sich zu rühren, an das Geländer gelehnt stehen; ihre Miene zeigte einen erschreckten, völlig aufgelösten Ausdruck, Haar und Kleider waren in Unordnung.

»Da ist er.«

»Was ist hier los, um diese Zeit?« fragte ich streng.

Die Padrona begann laut eine Rede zu halten, wobei sie den Morgenrock über dem Busen zusammenhielt. Man hatte sie mitten in der Nacht geweckt – ein Ehemann war abhanden gekommen: Weinen, vor Aufregung zerfetzte Taschentücher, Telefon, Polizeibehörde. War das eine Art? Wo kam ich her?

Ich konnte mich kaum noch auf den Beinen halten, ich betrachtete die Padrona mit abwesendem Blick und fand sie ekelhaft. Cilia hatte sich nicht gerührt; aber der halbgeöffnete Mund holte tief Luft, das verzerrte Gesicht überzog sich mit einer flammenden Röte.

»Cilia, hast du gar nicht geschlafen?«

Noch immer gab sie keine Antwort. Sie weinte, ohne sich zu rühren, mit geschlossenen Augen; die Hände auf ihrem Leib zerrten unruhig am Taschentuch.

»Ich bin spazieren gewesen«, sagte ich finster, »und dann im Hafen geblieben.« Die Padrona hob die Schultern und war im Begriff, darauf etwas zu erwidern. »Kurz – ich bin am Leben. Und ich bin zum Umfallen müde. Ich werfe mich jetzt aufs Bett.«

Ich schlief bis zwei Uhr, fest wie jemand, der getrunken hat. Ganz plötzlich wachte ich auf. Das Zimmer lag im Halbdunkel; von der Straße klangen Geräusche herauf. Instinktiv rührte ich mich nicht. Dort war Cilia, sie saß in einer Ecke, sah auf mich, sah auf die Wand, betrachtete ihre Hände und fuhr hin und wieder zusammen.

Nach einer Weile flüsterte ich: »Cilia, du bewachst mich wohl?«

Cilia hob rasch den Blick. Jener verwirrte Ausdruck von vorhin war auf ihrem Gesicht wie festgefroren. Sie bewegte die Lippen; aber es kam kein Wort heraus.

»Cilia, es ist nicht gut, wenn man seinen Mann bewacht«, begann ich wieder und gab meiner Stimme einen kindlich-spaßenden Ton. »Hast du wenigstens etwas gegessen?« Die Ärmste schüttelte den Kopf. Da sprang ich vom Bett und sah auf die Uhr. »Cilia, um halb vier fährt der Zug, los, machen wir schnell, zeigen wir der Padrona ein vergnügtes Gesicht.« Dann, als sie sich nicht rührte, trat ich neben sie und zog sie hoch.

»Hör mal«, sagte ich, während sich ihre Augen mit Tränen füllten, »ist es wegen heute nacht? Ich hätte lügen können und dir erzählen, ich hätte mich verlaufen. Ich hätte dich irgendwie beruhigen können. Ich habe es nicht getan, einfach weil ich diese Faxen nicht mag. Sei ruhig! Ich bin immer allein gewesen. Auch ich« – und da spürte ich, wie sie zusammenzuckte –, »auch ich habe mich in Genua nicht allzusehr amüsiert. Aber ich weine nicht.«

André Gorz

BRIEF AN D.
GESCHICHTE EINER LIEBE

Bald wirst Du jetzt zweiundachtzig sein. Du bist um sechs Zentimeter kleiner geworden, Du wiegst nur noch fünfundvierzig Kilo, und immer noch bist Du schön, graziös und begehrenswert. Seit achtundfünfzig Jahren leben wir nun zusammen, und ich liebe Dich mehr denn je. Kürzlich habe ich mich von neuem in Dich verliebt, und wieder trage ich in meiner Brust diese zehrende Leere, die einzig die Wärme Deines Körpers an dem meinen auszufüllen vermag.

Ich muss Dir unbedingt diese einfachen Dinge noch einmal sagen, bevor ich auf die Fragen eingehe, die mich seit kurzem quälen. Warum nur bist Du in all dem, was ich geschrieben habe, so wenig präsent, während doch unsere Verbindung das Wichtigste in meinem Leben gewesen ist? Warum nur habe ich in *Der Verräter* ein falsches Bild von Dir gegeben, das Dich entstellt? Dieses Buch sollte zeigen, dass mein Engagement Dir gegenüber die entscheidende Wende gewesen ist, die es mir ermöglicht hat, leben zu wollen. Warum aber ist dort keine Rede von der wunderbaren Liebesgeschichte, die wir sieben Jahre zuvor zu leben begonnen hatten? Warum sagte ich nicht, was mich an Dir fasziniert hat? Warum habe ich Dich als ein beklagenswertes Geschöpf dargestellt, »das niemanden kannte, kein Wort französisch sprach, sich ohne mich zugrunde gerichtet hätte«, während Du doch Deinen Freundeskreis hattest, einer Theatertruppe in Lausanne angehörtest und in England von einem Mann erwartet wurdest, der Dich heiraten wollte?

Ich habe die gründliche Erforschung, die ich mir vornahm, als ich *Der Verräter* schrieb, nicht wirklich geleistet. Es bleiben noch viele Dinge, die ich verstehen, klären muss. Ich muss die Geschichte unserer Liebe rekonstruieren, um sie in ihrem ganzen Sinn zu erfassen. Denn sie hat es uns ermöglicht, zu werden, was wir sind, durch einander und für einander. Ich schreibe Dir, um zu verstehen, was ich erlebt habe, was wir zusammen erlebt haben.

Unsere Geschichte begann auf wunderbare Weise, fast wie ein *coup de foudre* – Liebe auf den ersten Blick. Am Tag unserer Begegnung warst Du von drei Männern umringt, die Dir das Pokerspiel beibringen wollten. Du hattest üppiges rotbraunes Haar, die perlmuttschimmernde Haut und die hohe Stimme der Engländerinnen. Du warst frisch aus England gekommen, und jeder der drei Herren versuchte in rudimentärem Englisch, Deine Aufmerksamkeit zu erregen. Du warst souverän, unübersetzbar *witty*, schön wie ein Traum. Als unsere Blicke einander begegnet sind, habe ich gedacht: »Bei ihr habe ich nicht die geringste Chance.« Später erfuhr ich, dass unser Gastgeber Dich vor mir gewarnt hatte: »He is an Austrian Jew. Totally devoid of interest.«
Einen Monat später bin ich Dir auf der Straße begegnet und war wieder fasziniert von Deinem tänzerischen Gang. Dann habe ich Dich eines Abends durch Zufall von ferne gesehen, als Du von Deiner Arbeit kamst und die Straße hinuntergingst. Ich bin gerannt, um Dich einzuholen. Du gingst schnell. Es hatte geschneit. Der Nieselregen kräuselte Dein Haar. Ohne allzu sehr daran zu glauben, habe ich Dir vorgeschlagen, tanzen zu gehen. Du hast einfach ja gesagt, *why not*. Es war der 23. Oktober 1947.
Mein Englisch war ungeschickt, aber passabel. Es hatte sich dank zweier amerikanischer Romane angereichert, die ich gerade für den Verlag Marguerat übersetzt hatte. Im Laufe dieses ersten Beisammenseins habe ich verstanden, dass Du viel gelesen hattest, während und nach dem Krieg: Virginia Woolf, George Eliot, Tolstoi, Plato ...
Wir haben über die britische Politik gesprochen, über die verschiedenen Strömungen innerhalb der Labour Party. Auf Anhieb hast Du das Wesentliche vom Beiläufigen unterschieden. Angesichts eines komplexen Problems schien Dir die zu treffende Entscheidung stets auf der Hand zu liegen. Du hattest ein unerschüt-

terliches Vertrauen in die Richtigkeit Deiner Urteile. Woher nahmst Du diese Sicherheit? Dabei hattest doch auch Du entzweite Eltern gehabt; hattest sie, nacheinander, früh verlassen, hattest in den letzten Kriegsjahren allein gelebt mit Deinem Kater Tabby, mit dem Du Deine Lebensmittelrationen teiltest. Schließlich bist Du aus Deinem Land geflüchtet, um andere Welten zu erkunden. Was konnte Dich an einem mittellosen *Austrian Jew* interessieren?

Ich verstand es nicht. Ich wusste nicht, welche unsichtbaren Fäden sich zwischen uns entspannen. Du sprachst nicht gern über Deine Vergangenheit. Nach und nach sollte ich verstehen, welch grundlegende Erfahrung uns sogleich einander nahe brachte.

Wir haben uns wiedergesehen. Wir sind wieder tanzen gegangen. Zusammen haben wir *Teufel im Leib* mit Gérard Philipe gesehen. Darin gibt es eine Szene, in der die Heldin den Weinkellner bittet, die bereits angebrochene Flasche auszutauschen, weil sie, wie sie behauptet, nach Korken rieche. Wir haben diese Szene in einem Tanzlokal nachgespielt, und nach Überprüfung hat der Kellner unsere Diagnose angefochten. Als wir darauf bestanden, hat er sich gefügt, uns jedoch gewarnt: »Betreten Sie dieses Lokal nie wieder!« Ich habe Deine Kaltblütigkeit und Deine Unverfrorenheit bewundert. Ich sagte mir: »Wir sind für einander geschaffen.«

Am Ende unseres dritten oder vierten Treffens habe ich Dich endlich geküsst.

Julio Cortázar
SOMMER

Gegen Abend ging Florencio mit dem Mädchen hinunter zum Landhaus, sie folgten dem schmalen, holprigen Weg voller loser Steine, den nur Mariano und Zulma sich mit dem Jeep zu fahren trauten. Zulma öffnete ihnen die Tür, und Florencio fand, daß ihre Augen aussahen, als wäre sie gerade beim Zwiebelschälen. Mariano kam aus dem anderen Zimmer, sagte, sie möchten doch hereinkommen, aber Florencio wollte sie nur bitten, das Mädchen bis zum nächsten Morgen zu sich zu nehmen, denn er müsse in einer dringenden Angelegenheit zur Küste, und im Dorf gebe es niemanden, den er um diesen Gefallen hätte bitten können. Aber natürlich, sagte Zulma, lassen Sie es nur da, wir werden ihm hier unten ein Bett aufschlagen. Kommen Sie doch auf ein Glas herein, insistierte Mariano, nur fünf Minuten, aber Florencio hatte das Auto auf dem Dorfplatz gelassen und mußte sofort weiter; er dankte ihnen und gab seinem Töchterchen, das bereits den Stoß Zeitschriften auf der Bank entdeckt hatte, einen Kuß; als die Tür ins Schloß fiel, sahen sich Zulma und Mariano wie fragend an, als wäre alles viel zu schnell gegangen. Mariano zuckte die Achseln und ging zurück in seine Werkstatt, wo er gerade dabei war, einen alten Sessel zu leimen; Zulma fragte das Mädchen, ob es Hunger habe, sie schlug ihm vor, sich mit den Zeitschriften zu vergnügen, in der Besenkammer sei ein Ball und ein Schmetterlingsnetz; das Mädchen bedankte sich und begann sich die Zeitschriften anzusehen; Zulma beobachtete es einen Augenblick, während sie die Artischocken für das Abendessen zubereitete, und sagte sich, daß sie es allein spielen lassen könne.

Jetzt wurde es schon früh Abend hier im Süden, es blieb ihnen gerade noch ein Monat bis zur Rückkehr in die Hauptstadt, Beginn des anderen, des winterlichen Lebens, das letztlich auch nur ein Überleben war, ein freundschaftliches, distanziertes Zusammenleben, die vielen leeren, förmlichen Zeremonien der Rücksichtnahme zwischen einem Paar einhalten, wie eben jetzt, wo Mariano eine der Herdflammen brauchte, um seinen Leimtopf warm zu machen, und Zulma den Topf Kartoffeln vom Feuer nahm und sagte, sie werde sie nachher gar kochen, und Mariano dankte, denn der Sessel war ja schon fast fertig, und es wäre besser, alles auf einmal zu leimen, aber natürlich, mach ihn nur warm. Im Hintergrund des großen Raums, der als Küche und Eßzimmer diente, blätterte das Mädchen in den Zeitschriften, Mariano holte ihm aus der Vorratskammer ein paar Bonbons; es war die Stunde, da man in den Garten ging, um ein Glas zu trinken und zuzusehen, wie es in den Hügeln dunkel wurde; nie sah man jemanden auf dem schmalen Weg, das erste Haus des Dorfes oben auf der Höhe war kaum zu erkennen; das Gelände vor ihnen fiel ab bis zur Talsohle, die schon im Dunkel lag. Schenk schon ein, ich komme gleich, sagte Zulma. Alles vollzog sich zyklisch, alles zu seiner Zeit und jedes Ding hat seine Zeit, die Ausnahme war das Mädchen, das das Schema plötzlich etwas durcheinanderbrachte; ein Hokker und ein Glas Milch für das Mädchen, ein Streicheln übers Haar und ein Lob, weil es so brav war. Die Zigaretten, die Schwalben, die um das Haus segelten; alles wiederholte sich, griff ineinander, der Sessel mußte schon fast trocken sein, zusammengeleimt wie dieser neue Tag, der in keiner Hinsicht neu war. Die einzige kleine Abwechslung war an diesem Nachmittag das Mädchen, wie manchmal mittags der Postbote, der sie für einen Augenblick aus ihrer Einsamkeit riß, ein Brief für Mariano oder Zulma, den der Empfänger entgegennahm und wortlos einsteckte. Noch ein Monat dieser vorhersehbaren, wie einstudierten Wiederholungen, und der bis oben hin beladene Jeep würde sie in ihre Stadtwohnung zurückbringen, in ein Leben, das nur seiner äußeren Form nach ein anderes war, Zulmas Kreis oder Marianos Malerfreunde, für sie die Einkaufsbummel am Nachmittag und für Mariano die Abende in den Cafés, ein Aneinandervorbeigehen, auch wenn man sich immer wieder traf, um ein Zeremoniell einzuhalten, das als Scharnier diente, der morgendliche Kuß und die Stunden neu-

tralen Beisammenseins, wie jetzt, wo Mariano Zulma noch ein Glas anbot und sie es dankend entgegennahm, versunken im Anblick der fernen Hügel, die sich schon tief violett färbten.
Was möchtest du zum Abendessen, Kind. Was es gibt, Señora. Vielleicht mag es keine Artischocken, gab Mariano zu bedenken. Doch, die mag ich, sagte das Mädchen, mit Essig und Öl, aber wenig Salz weil es beißt. Sie lachten, würden ihm eine extra Essigtunke machen. Und weichgekochte Eier, wie wär's damit. Mit einem Löffelchen, sagte das Mädchen. Und mit wenig Salz, weil es beißt, scherzte Mariano. Salz beißt fürchterlich, sagte das Mädchen, meiner Puppe gebe ich den Brei ohne Salz, heute habe ich sie nicht mitgebracht, weil Papa es eilig hatte und mich nicht ließ. Es wird eine schöne Nacht, dachte Zulma laut, sieh nur, wie klar die Luft gegen Norden ist. Ja, es wird nicht allzu heiß werden, sagte Mariano, während er die Sessel hinunter in den Salon trug und am großen Fenster, das auf das Tal hinausging, die Lampen anknipste. Automatisch schaltete er auch das Radio ein, Nixon wird nach Peking reisen, nicht zu fassen, sagte Mariano. Es gibt keine Gottesfurcht mehr, sagte Zulma, und beide mußten lachen. Das Mädchen beschäftigte sich wieder mit den Zeitschriften und machte Eselsohren in die Seiten mit den Comics, als gedächte es, diese noch einmal zu lesen.
Die Nacht brach an bei Insektenspray, das Mariano oben im Schlafzimmer versprühte, und dem Geruch einer Zwiebel, die Zulma kleinschnitt, wobei sie zur Popmusik aus dem Radio summte. Während des Abendessens schlief das Mädchen über seinem Kochei fast ein; sie neckten es deswegen, redeten ihm zu, zu Ende zu essen; Mariano hatte ihm schon das Feldbett mit einer Luftmatratze in der hintersten Ecke der Küche hergerichtet, so daß sie es nicht stören würden, wenn sie noch eine Weile unten im Salon blieben, um Schallplatten zu hören oder zu lesen. Das Mädchen aß seinen Pfirsich und gab zu, daß es müde sei. Geh schlafen, mein Liebes, sagte Zulma, wenn du Pipi machen mußt, brauchst du nur hinaufzugehen, wir lassen das Licht auf der Treppe brennen. Schon halb schlafend, gab ihnen das Mädchen einen Kuß auf die Wange,

doch bevor es sich hinlegte, suchte es sich eine Zeitschrift aus und legte sie unter sein Kopfkissen. Sie sind unglaublich, sagte Mariano, eine unerreichbare Welt, und wenn man bedenkt, daß sie einmal die unsere, die aller war. Vielleicht ist sie gar nicht so verschieden von der unseren, sagte Zulma, die den Tisch abräumte, auch du hast deine Manien, das Fläschchen Kölnischwasser links und die Gilette rechts, von mir ganz zu schweigen. Aber das sind keine Manien, dachte Mariano, ist eher eine Antwort auf den Tod und das Nichts, Dinge und Zeiten festhalten, Riten und Übergänge einführen angesichts der Unordnung, die voller Löcher und Flecke ist. Nur sagte er das nicht mehr laut, von Mal zu Mal schien es weniger nötig, mit Zulma zu sprechen, und auch Zulma sagte nichts, das zu einem Gedankenaustausch führen konnte. Bring die Kaffeekanne, ich habe schon die Tassen auf die Bank am Kamin gestellt. Sieh nach, ob noch Zucker in der Dose ist, ein neues Paket ist in der Vorratskammer. Ich kann den Korkenzieher nicht finden, diese Flasche Schnaps sieht gut aus, was? Ja, eine schöne Farbe. Da du gerade hinaufgehst, bring doch die Zigaretten mit, die ich auf der Kommode liegengelassen habe. Wirklich, dieser Schnaps ist gut. Es ist heiß, findest du nicht auch. Ja, es ist schwül, besser, wir machen die Fenster nicht auf, sonst ist gleich alles voller Falter und Mücken.

Als Zulma das erste Geräusch hörte, war Mariano gerade dabei, in den Schallplattenstapeln nach einer Beethoven-Sonate zu suchen, die er diesen Sommer noch nicht gehört hatte. Er hielt inne, die Hand in der Luft, sah Zulma an. Ein Geräusch wie auf der Steintreppe im Garten, aber um diese Zeit kam niemand zum Haus, nachts kam nie jemand. Von der Küche aus schaltete er die Lampe an, die den vorderen Teil des Gartens erhellte, doch er sah nichts und machte sie wieder aus. Ein streunender Hund, der was zum Fressen sucht, sagte Zulma. Klang merkwürdig, fast wie ein Schnauben, sagte Mariano. Am großen Fenster jagte ein riesiger weißer Fleck vorbei, Zulma stieß einen kurzen Schrei aus, Mariano, der mit dem Rücken zum Fenster gestanden hatte, drehte sich um, zu spät, die Fensterscheibe spiegelte nur die Bilder und die Möbel des Salons wider. Er hatte keine Zeit zu fragen, das Schnauben kam von der Nordseite, ein Wiehern, erstickt wie der Schrei Zulmas, die beide Hände vor den Mund hielt, sich an die hintere Wand preßte und starr zum großen Fenster blickte. Es ist ein Pferd, sagte Mariano, ohne es selbst zu glauben, hört sich an wie ein Pferd, ich habe die Hufe gehört, es galoppiert durch den Garten. Die Mähne, die Lefzen, die zu bluten schienen, ein mächtiger weißer Kopf streifte das große Fenster, das Pferd sah kaum zu ihnen hinein, der weiße Fleck verschwand nach rechts, wieder hörten sie die Hufe, plötzlich Stille auf der Steintreppe, Wiehern, Getrappel. Aber es gibt keine Pferde hier herum, sagte Mariano, der die Schnapsflasche am Hals gepackt hielt, wie er nun merkte, und sie wieder auf die Bank stellte. Es will herein, sagte Zulma, immer noch an die hintere Wand gepreßt. Nicht doch, was für ein Unsinn, es ist sicher von einem Bauernhof im Tal ausgerissen und auf das Licht zugelaufen. Ich sage dir, es will herein, es ist wütend und will herein. Pferde werden nicht wütend, soviel ich weiß, sagte Mariano, ich glaube, es ist weg, ich will mal oben aus dem Fenster sehen. Nein, nein, bleib hier, ich höre es noch, es ist auf der Treppe zur Terrasse, es zertrampelt die Pflanzen, es wird zurückkommen, und wenn es die Fensterscheibe zertrümmert und hereinkommt? Sei nicht albern, was kann es schon anrichten, sagte Mariano mit schwacher Stimme, wenn wir die Lampen ausmachen, wird es vielleicht abhauen. Ich weiß nicht, ich weiß nicht, sagte Zulma, drückte sich an der Wand entlang und sank auf die Bank, ich habe es wiehern hören, es ist dort oben. Sie hörten die Hufe die Treppe herunterkommen, das wütende Schnauben vor der Tür, Mariano meinte einen Druck gegen die Tür zu bemerken, ein wiederholtes Reiben und Scheuern, und Zulma lief hysterisch schreiend zu ihm. Er stieß sie sanft von sich, tastete nach dem Schalter; im Halbdunkel (nur in der Küche, wo das Mädchen schlief, brannte noch Licht) wurden das Schnauben und die Hufschläge lauter, aber das Pferd war nicht mehr vor der Tür, man hörte es im Garten hin und her traben. Mariano lief rasch in die Küche, um auch dort das Licht auszumachen, ohne auch nur einmal in die Ecke zu blicken, wo sie das Mädchen gebettet hatten; er kam zurück, nahm Zulma, die schluchzte, in die Arme, streichelte ihr Haar und Gesicht und bat sie, still zu sein, um besser lauschen zu können. Der Kopf des Pferdes scheuerte sich an der großen Fensterscheibe, doch nicht sehr heftig, der weiße Fleck schien durchsichtig in der Dunkelheit; sie spürten, daß das Pferd hereinschaute, als suche es etwas, aber es konnte sie jetzt nicht mehr sehen, trotzdem blieb es dort stehen, wiehernd und schnaubend und wild die Mähne schüttelnd. Zulmas Körper entglitt den Armen Marianos, der sie an die Wand lehnte und ihr so half, sich wieder auf die Bank zu setzen. Rühr dich nicht, sprich nicht, gleich geht es weg, wirst sehen. Es will herein, sagte Zulma mit matter Stimme, ich weiß, daß es hereinwill, und wenn es die Fensterscheibe zertrümmert, was dann, wenn es sie mit den Hufen eintritt? Pst, machte Mariano, sei still, bitte. Es wird hereinkommen, murmelte Zulma. Und ich habe nicht mal eine Flinte, sagte Mariano, ich würde ihm fünf Kugeln in den Kopf jagen, dem verdammten Vieh. Jetzt ist es nicht mehr dort, sagte Zulma und stand abrupt auf, ich höre es oben, wenn es die Terrassentür sieht, ist es imstande und kommt rein. Die ist gut verschlossen, hab keine Angst, bedenke, daß es in der Dunkelheit nicht in ein Haus eindringen wird, wo es sich nicht einmal umdrehen könnte, so blöd ist es nicht. O doch, sagte Zulma, es will herein, es wird uns an die Wand quetschen, ich weiß, daß es hereinwill. Pst, machte Mariano wieder, der dasselbe dachte und daß er nichts anderes tun konnte, als zu warten, den Rücken in kaltem Schweiß gebadet. Noch einmal hallten die Hufe auf den glatten Steinen der Treppe, und plötzlich Stille, die Grillen in der Ferne, ein Vogel im Nußbaum auf der Anhöhe.

Ohne Licht anzumachen, da nun das große Fenster die fahle Klarheit der Nacht hereinließ, füllte Mariano ein Glas mit Schnaps und hielt es Zulma an die Lippen, zwang sie zu trinken, obgleich ihre Zähne gegen das Glas schlugen und die Flüssigkeit auf ihre Bluse lief; dann setzte er die Flasche an, trank einen kräftigen Schluck und ging in die Küche, um nach dem Mädchen zu sehen.

Die Hände unter dem Kopfkissen, als hielte es die schöne Zeitschrift fest, schlief es unglaublich fest und hatte nichts gehört, es war fast so, als wäre es gar nicht da, während im Salon Zulmas Weinen immer wieder unterbrochen wurde von einem erstickten Schluchzen, fast wie ein Aufschrei. Es ist ja vorbei, es ist vorbei, sagte Mariano, setzte sich neben sie und schüttelte sie sanft, es war ja nur der Schreck. Es kommt wieder, sagte Zulma, den Blick starr auf das große Fenster geheftet. Nein, es wird schon weit weg sein, sicher ist es aus einer Koppel dort unten ausgerissen. Kein Pferd tut so etwas, sagte Zulma, kein Pferd will so in ein Haus eindringen. Ich gebe zu, es ist seltsam, sagte Mariano, besser, wir werfen einen Blick nach draußen, hier habe ich die Taschenlampe. Aber Zulma hatte sich wieder an die Wand gepreßt, unerträglich der Gedanke, die Tür zu öffnen, hinauszugehen zu dem weißen Schatten, der in der Nähe sein, unter den Bäumen warten konnte, bereit zum Angriff. Sieh mal, wenn wir uns nicht vergewissern, daß es weg ist, wird keiner von uns diese Nacht schlafen, sagte Mariano. Geben wir ihm noch etwas Zeit, inzwischen legst du dich hin und ich gebe dir dein Beruhigungsmittel; eine Extradosis, du Ärmste, die hast du dir wahrlich verdient.
Zulma willigte schließlich ein, apathisch; ohne Licht anzumachen, gingen sie bis zur Treppe, und Mariano zeigte auf das schlafende Mädchen, aber Zulma sah es kaum an, wankte die Treppe hinauf, Mariano mußte sie beim Betreten des Schlafzimmers festhalten, denn fast wäre sie gegen den Türpfosten geknallt. Vom Fenster über dem Vordach blickten sie auf die Steintreppe und die Terrasse, die höher lag als der Garten. Es ist fort, siehst du, sagte Mariano und schüttelte Zulmas Kopfkissen auf, sah, wie sie sich mit mechanischen Bewegungen auszog, wobei sie den Blick starr auf das Fenster richtete. Er gab ihr die Tropfen zu trinken, sprühte ihr etwas Kölnischwasser auf Hals und Hände und zog ihr, die die Augen geschlossen hatte und zitterte, die Bettdecke behutsam bis zu den Schultern hoch. Er trocknete ihr die Wangen, wartete einen Augenblick und ging dann hinunter, um die Taschenlampe zu holen; ohne sie anzuknipsen, hielt er sie in der einen Hand, er-

griff mit der anderen eine Axt, öffnete vorsichtig die Tür zum Salon und ging hinaus auf die untere Terrasse, von wo aus er die ganze Gegend östlich des Hauses überblicken konnte; die Nacht war wie so viele andere Sommernächte, in der Ferne zirpten die Grillen, ein Frosch gab hin und wieder zwei tropfnasse Laute von sich. Ohne die Taschenlampe anknipsen zu müssen, sah Mariano den zertrampelten Fliederstrauch, die riesigen Hufspuren im Beet mit den Stiefmütterchen, den umgeworfenen Blumentopf am Fuß der Treppe; es war also keine Halluzination gewesen, immerhin noch besser, als wenn es eine gewesen wäre; morgen früh würde er mit Florencio in den Gehöften unten im Tal nachfragen, man würde das Pferd nicht so leicht von hier oben herunterkriegen. Bevor er hineinging, stellte er den Blumentopf wieder richtig hin, ging bis zu den ersten Bäumen und lauschte lange den Grillen und dem Frosch; als er zum Haus blickte, sah er Zulma am Schlafzimmerfenster stehen, nackt und reglos.
Das Mädchen hatte sich nicht bewegt, Mariano ging leise hinauf, trat neben Zulma und fing an zu rauchen. Na, siehst du, es ist weg, wir können ruhig schlafen, morgen sehen wir weiter. Sachte führte er sie zum Bett, zog sich aus, und, immer noch rauchend, legte er sich hin. Schlaf, alles ist in Ordnung, es war nichts, nur ein blöder Schreck. Er strich ihr mit der Hand übers Haar, seine Finger glitten hinab zu ihrer Schulter, streiften ihre Brüste. Zulma drehte sich zur Seite, kehrte ihm den Rücken zu, ohne zu sprechen; auch das war wie in so vielen anderen Sommernächten.
Es mußte schwerfallen zu schlafen, Mariano jedoch schlief augenblicklich ein, kaum daß er die Zigarette ausgedrückt hatte; das Fenster blieb offen, und sicher würden Mücken hereinkommen, doch der Schlaf kam eher, ohne Träume, das absolute Nichts, aus dem er irgendwann auftauchte, herausgerissen von einer unsäglichen Panik, dem Druck von Zulmas Fingern auf seiner Schulter, ihrem Keuchen. Noch bevor er begriff, horchte er schon in die Nacht hinaus. Vollkommene Stille, unterbrochen von den Grillen. Schlaf, Zulma, es ist nichts, du hast geträumt. Er bestand dar-

auf, daß sie nachgab, und sie streckte sich wieder aus und wandte ihm den Rücken zu, aber plötzlich zog sie ihre Hand zurück und saß steif da, blickte zur geschlossenen Tür. Er sprang im gleichen Augenblick aus dem Bett wie Zulma, konnte aber nicht verhindern, daß sie die Tür öffnete und bis zum Treppenabsatz lief, dicht neben ihr fragte er sich, ob es nicht besser wäre, sie zu ohrfeigen, sie mit Gewalt zurück ins Bett zu bringen, einer solchen Besessenheit endlich Herr zu werden. Mitten auf der Treppe blieb Zulma stehen, hielt sich am Geländer fest. Weißt du, warum das Mädchen da ist? Eine Stimme, die noch aus dem Alptraum zu kommen schien. Das Mädchen? Noch zwei Stufen, fast schon an der Ecke zur Küche. Zulma, bitte! Und ihre gebrochene Stimme, fast ein Fisteln, es ist da, um das Pferd hereinzulassen, ich sage dir, es wird es hereinlassen. Zulma, treibe mich nicht so weit, eine Dummheit zu machen. Und ihre geradezu triumphierende Stimme, noch schriller, sieh, aber sieh doch, wenn du mir nicht glaubst, das leere Bett, die Zeitschrift auf dem Boden. Mit einem Satz war Mariano bei Zulma, stürzte zum Schalter. Das Mädchen sah sie an, in seinem rosa Pyjama stand es an der Tür zum Salon, das Gesicht verschlafen. Du bist aufgestanden, was tust du hier, zu dieser Stunde, sagte Mariano und wickelte sich ein Geschirrtuch um die Hüften. Das Mädchen blickte die nackte Zulma an, halb schlaftrunken, halb verschämt blickte es sie an, den Tränen nahe, als wollte es zurück ins Bett. Ich bin aufgestanden, um Pipi zu machen, sagte es. Und bist in den Garten gegangen, wo wir dir doch gesagt haben, ins Bad hinaufzugehen. Das Mädchen machte eine Schippe, die Hände drollig in den Taschen des Pyjamas vergraben. Macht nichts, geh wieder ins Bett, sagte Mariano und strich ihm übers Haar. Er deckte es zu, schob ihm die Zeitschrift unters Kopfkissen; das Mädchen drehte sich zur Wand, einen Finger im Mund, wie um sich zu trösten. Geh hinauf, sagte Mariano, du siehst ja, es ist nichts passiert, steh nicht da wie eine Schlafwandlerin. Er sah, wie sie zwei Schritte zur Salontür machte und trat ihr in den Weg, es ist doch alles in Ordnung, zum Teufel noch mal. Aber ist dir denn nicht klar, daß es ihm die Tür aufgemacht hat, sagte Zulma mit dieser Stimme, die nicht die ihre war. Hör auf mit diesem Unsinn, Zulma. Geh und sieh nach, ob es stimmt, oder laß mich gehen. Mariano packte sie am Unterarm, der zitterte. Geh sofort hinauf, er schob sie bis zum Fuß der Treppe, blickte im Vorbeigehen hinüber zu dem Mädchen, das sich nicht bewegt hatte, das schon schlafen mußte. Auf der ersten Stufe schrie Zulma auf und wollte entwischen, doch die Treppe war eng, und Mariano schob sie mit seinem ganzen Körper vor sich her, das Geschirrtuch löste sich und fiel unten auf die Treppe; sie an den Schultern packend, bugsierte er sie nach oben bis auf den Treppenabsatz, schubste sie ins Schlafzimmer und schloß die Tür hinter sich zu. Es läßt es herein, wiederholte Zulma, die Tür ist offen, und es wird hereinkommen. Leg dich hin, sagte Mariano. Ich sage dir, die Tür ist offen. Macht nichts, sagte Mariano, soll es hereinkommen, wenn es will, es ist mir jetzt scheißegal, ob es hereinkommt oder nicht. Er packte Zulmas Hände, die ihn zurückzustoßen suchte, schob sie rücklings zum Bett, wo sie aufeinanderfielen, Zulma schluchzte und flehte, unfähig, sich unter dem Gewicht eines Körpers zu bewegen, der sie immer mehr bedrängte, der sie einem Willen unterwarf, hitzig keuchend, Mund an Mund, unter Tränen und Obszönitäten. Ich will nicht, ich will nicht, ich will nie mehr, ich will nicht, aber zu spät, ihre Kräfte und ihr Stolz ließen nach unter diesem erdrückenden Gewicht, das sie in eine unwiderrufliche Vergangenheit zurückversetzte, in die Sommer ohne Briefe und ohne Pferde. Irgendwann – es fing an hell zu werden – zog sich Mariano leise an und ging hinunter in die Küche; das Mädchen schlief mit dem Finger im Mund, die Salontür stand offen. Zulma hatte recht gehabt, das Mädchen hatte die Tür aufgemacht, aber das Pferd war nicht ins Haus gekommen. Wo nicht doch, dachte er, indem er sich die erste Zigarette anzündete und die blaue Linie der Hügel betrachtete, vielleicht hat Zulma auch darin recht gehabt, und das Pferd ist doch ins Haus gekommen, aber wie das wissen, wenn sie es nicht gehört hatten, wenn alles in Ordnung war, wenn die Uhr weiterhin den Morgen einteilte, und nachdem Florencio das Mädchen abgeholt hätte, würde vielleicht gegen zwölf, von ferne pfeifend, der Postbote kommen und ihnen die Briefe auf den Gartentisch legen, die er oder Zulma, ohne etwas zu sagen, an sich nehmen würden, einen Augenblick bevor sie gemeinsam beschließen würden, was es zu Mittag geben soll.

Max Frisch

EIN MÄDCHEN UND EIN JUNGER MANN

Ein Mädchen und ein junger Mann haben zusammen ihre Jugend verbracht, bis es nicht mehr ging, und das alles ist lange her. Daß eine Liebe einfach verenden kann, es war nicht hinzunehmen; beide hielten es für eine Schuld, daß die Liebe sie verließ, und aus der Heuchelei, die ihre Zuflucht wurde, wucherten die wirklichen Verschuldungen. Da war das Versprechen der Ehe, das sich nicht halten ließ; man kann sich nicht aus Anstand heiraten. Das Mädchen, als sie endlich und zum letztenmal auseinandergingen, sank an der Haustüre zusammen, bewußtlos, so daß er sie tragen mußte, und als sie wieder zum Bewußtsein kam, stand er noch immer da, zum letztenmal entschlossen, daß sie heiraten werden. Er wollte kein Schuft sein, nicht diesem einzigen Menschen gegenüber, den er geliebt hatte wie noch keinen andern, und er war ein Schuft, was immer er sagte; er konnte es nicht halten. Das Gehen war Verrat, das Bleiben war Verrat. Das alles kostete viel Irrtum und Blut; es war eine häßliche Zeit, wüst und wirr ...

Einmal, viele Jahre später, schreibt er einen Brief. Er weiß nicht, was er eigentlich schreiben soll. Er weiß, daß seine Verschuldungen nicht verjähren, und es soll keine Abbitte sein, keine Wehmut. Die Verschuldungen, die wir begehen, bleiben unsere Sache. Nur ein Gruß soll es sein. Es drängt ihn so klar, und er weiß nicht, warum er dieses Drängen töten soll. Er schickt den Brief, der fraglos ist, und erwartet nichts. Aber noch damit erwartet er zuviel. Die Antwort, die dennoch kommt, ist heftig und bitter und voll Rechthaberei. Es gibt eine männliche Rechthaberei, die stur und tumb ist und vielleicht gewaltsam, und es gibt eine weibische Rechthaberei, die anders ist, eifernd und kleinlich. Als er den Brief gelesen hat, steht er mit der Beschämung eines Menschen, der durch eine falsche Türe getreten ist und eine Entblößung sehen muß, die ihn nichts angeht; er steckt den Brief in einen neuen Umschlag und schickt ihn zurück. Sich selber nennt er einen Esel; es wäre die erste Frau gewesen, die großmütig bleibt, wo sie nicht mehr liebt, und in dem Alter, das er unterdessen erreicht hat, dürfte ihn diese Erfahrung nicht mehr überraschen –

Wieder vergehen Jahre.

Einmal, es ist in einer andern Stadt, geht er eine Treppe hinunter, zerstreut und ohne Blick; er fühlt nur, daß jemand, der eben die Treppe heraufkommt, plötzlich stehenbleibt und ihm den Weg verstellt. Es ist eine Frau, die ihn offen und betroffen anschaut, und eine Weile, während er ihrem Gesicht gegenübersteht, weiß er nicht sicher, wer es ist. Er sucht umsonst. Natürlich kennt man sich; es ist ein Gesicht, das ihn duzt, auch wenn es schweigt, ein gutes und reifes und warmes Gesicht, das über seinem ratlosen Suchen langsam zu lächeln beginnt und auf diese Weise vergißt, daß es selber betroffen war, und endlich, als er begreift, geben sie einander die Hand. Was sollen sie sprechen? Er will nicht fragen, und über das Wetter sprechen können sie auch nicht; er sagt:

»Es geht dir gut ...«

»Und dir?«

»Du hast Kinder ...«

»Ja!« sagt sie fröhlich: »Und du auch.«

Das Gespräch ist ganz leicht und frei. Nur der Umstand, daß ihm noch immer nicht ihr Name auf die Zunge kommt, stellt alles wie hinter einen Schleier. Daß sie ihm noch einmal von vorne begegnet, er hätte damit rechnen müssen. Ebensowenig wie an ihren Namen, den er durch ein namenloses Du ersetzt, kann er sich im Augenblick erinnern, wie sich eigentlich die Geschichte mit dem Brief verhielt: ob er ihn wirklich zurückschickte damals, oder dachte er nur daran, wollte er es nur –

»Das ist meine Frau«, sagt er: »Und das ist Annemarie.«

Jetzt hat er auch den Namen, und überhaupt ist er es, der fortan redet, während die beiden Frauen, ohne daß sie die Augen dazu brauchen, einander anschauen. Irgendwie bleibt es unwahrschein-

lich, daß es zwei sind. Als man weitergeht, sagt Annemarie genau, was er selber hätte sagen wollen; er sagt nur:
»Leb wohl!«
Sie sagt:
»Ich bin so froh, daß wir uns noch einmal gesehen haben.«
Das tönt fast, als wäre ein Sterben in Sicht; sicher dachte sie durchaus nicht an Tod, es war nur das Gefühl eines Endgültigen, das auch ihn über die Treppe hinunter begleitet, und all die müßigen Gedanken, die nachher kommen, Gedanken, ob es möglich wäre, daß unser Leben hätte anders verlaufen können, am Ende sind sie nichts anderes als Wellen, die um das Endgültige branden, das wir anders nicht begreifen.

»SIE HÖRTE ZU,
ALS ER IHR ABERMALS BETEUERTE,
WIE SEHR ER SIE LIEBTE.«

Ingeborg Bachmann / Paul Celan
BRIEFE

5 Ingeborg Bachmann an Paul Celan, Wien, Ende Mai / Anfang Juni 1949 (?), abgebrochener Briefentwurf

Paul, lieber Paul,
ich hab Sehnsucht nach Dir und unserem Märchen. Was soll ich tun? Du bist so weit weg von mir, und Deine Kartengrüsse, mit denen ich bis vor kurzem so zufrieden war, sind mir nicht mehr genug.
Gestern bekam ich durch Klaus Demus Gedichte von Dir, die ich nicht kannte, auch drei aus letzter Zeit. Ich kann's kaum ertragen, dass sie auf solchem Umweg zu mir gekommen sind. Bitte, bitte lass das nicht zu. Es muss doch irgend etwas auch für mich da sein.
Ich kann sie besser lesen als die andern, weil ich Dir darin begegne seitdem es keine Beatrixgasse mehr gibt. Immer geht's mir um Dich, ich grüble viel darüber und sprech zu Dir und nehm Deinen fremden, dunklen Kopf zwischen meine Hände und möchte Dir die Steine von der Brust schieben, Deine Hand mit den Nelken freimachen und Dich singen hören. Es ist nichts mit mir geschehen, das mich mit einem Mal heftiger an Dich denken lässt. Alles ist wie immer, ich habe Arbeit und Erfolg, Männer sind irgendwie um mich aber es bedeutet wenig: Du, Schönes und Trübes verteilt sich auf die dahinfliegenden Tage

6 Paul Celan an Ingeborg Bachmann, Paris, 20. 6. 1949

Paris, am 20. Juni 49.

Ingeborg,

›ungenau‹ und spät komme ich in diesem Jahr. Doch vielleicht nur deshalb so, weil ich möchte, daß niemand außer Dir dabei sei, wenn ich Mohn, sehr viel Mohn, und Gedächtnis, ebensoviel Gedächtnis, zwei große leuchtende Sträuße auf Deinen Geburtstagstisch stelle. Seit Wochen freue ich mich auf diesen Augenblick.

Paul

7 Ingeborg Bachmann an Paul Celan, Wien, 24. 6. 1949

Wien, am 24. Juni 1949.

Du Lieber,

weil ich so garnicht daran gedacht habe, ist heute, am Vortag – im vergangenen Jahr war es doch auch so – Deine Karte richtig angeflogen kommen, mitten in mein Herz, ja es ist so, ich hab Dich lieb, ich hab es nie gesagt damals. Den Mohn hab ich wieder gespürt, tief, ganz tief, Du hast so wunderbar gezaubert, ich kann es nie vergessen.

Manchmal möchte ich nichts, als weggehen und nach Paris kommen, spüren, wie Du meine Hände anfasst, wie Du mich ganz mit Blumen anfasst und dann wieder nicht wissen, woher Du kommst und wohin Du gehst. Für mich bist Du aus Indien oder einem noch ferneren, dunklen, braunen Land, für mich bist Du Wüste und Meer und alles was Geheimnis ist. Ich weiss noch immer nichts von Dir und hab darum oft Angst um Dich, ich kann mir nicht vorstellen, dass Du irgend etwas tun sollst, was wir andern hier tun, ich sollte ein Schloss für uns haben und Dich zu mir holen, damit Du mein verwunschener Herr drin sein kannst, wir werden viele Teppiche drin haben und Musik, und die Liebe erfinden.

Ich habe oft nachgedacht, »Corona« ist Dein schönstes Gedicht, es ist die vollkommene Vorwegnahme eines Augenblicks, wo alles Marmor wird und für immer ist. Aber mir hier wird es nicht »Zeit«. Ich hungre nach etwas, das ich nicht bekommen werde, alles ist flach und schal, müde und verbraucht, ehe es gebraucht wurde.

Mitte August will ich in Paris sein, ein paar Tage nur. Frag mich nicht warum, wozu, aber sei da für mich, einen Abend lang oder zwei, drei. Führ mich an die Seine, wir wollen so lange hineinschauen, bis wir kleine Fische geworden sind und uns wieder erkennen.

Ingeborg.

8 Paul Celan an Ingeborg Bachmann, Paris, 4. (?) 8. 1949

Ingeborg, liebe,
nur ein paar Zeilen, in aller Eile, um Dir zu sagen, wie sehr ich mich freue, daß Du kommst.

Hoffentlich kommt dieser Brief noch rechtzeitig genug, und Du schreibst, wann Du eintriffst: darf ich Dich erwarten? Oder darf ich es nicht, weil ich ja auch nicht nach dem Warum und Wozu Deiner Reise fragen darf?

Ich bin voller Ungeduld, Liebe.

Dein Paul

Hier ist meine Telephonnummer:
DAN 78-41

9 Paul Celan an Ingeborg Bachmann, Paris, 20. 8. 1949

31, Rue des Ecoles
Paris, den 20. August 49

Meine liebe Ingeborg,

Du kommst also erst in zwei Monaten – warum? Du sagst es nicht, Du sagst auch nicht, für wie lange, sagst nicht, ob Du Dein Stipendium bekommst. Inzwischen können wir ja, schlägst Du vor, ›Briefe wechseln‹. Weißt Du, Ingeborg, warum ich Dir während dieses letzten Jahres so selten schrieb? Nicht allein, weil Paris mich in ein furchtbares Schweigen gedrängt hatte, aus dem ich nicht wieder freikam; sondern auch deshalb, weil ich nicht wußte, was Du über jene kurzen Wochen in Wien denkst. Was konnte ich aus Deinen ersten, flüchtig hingeworfenen Zeilen schließen, Ingeborg?

Vielleicht täusche ich mich, vielleicht ist es so, daß wir einander gerade da ausweichen, wo wir einander so gerne begegnen möchten, vielleicht liegt die Schuld an uns beiden. Nur sage ich mir manchmal, daß mein Schweigen vielleicht verständlicher ist als das Deine, weil das Dunkel, das es mir auferlegt, älter ist.

Du weißt: die großen Entschlüsse muß man immer allein fassen. Als jener Brief kam, in dem Du mich fragtest, ob Du Paris oder die Vereinigten Staaten wählen solltest, hätte ich Dir gern gesagt, wie sehr ich mich freuen würde, wenn Du kämest. Kannst Du einsehen, Ingeborg, warum ich es nicht tat? Ich sagte mir, daß wenn Dir wirklich etwas (das heißt, mehr als etwas) daran läge, in der Stadt zu leben, in der auch ich lebe, Du mich nicht erst um Rat gefragt hättest, im Gegenteil.

Ein langes Jahr ist nun verstrichen, ein Jahr, in dem Dir sicherlich manches begegnet ist. Aber Du sagst mir nicht, wie weit unser eigener Mai und Juni hinter diesem Jahr zurückliegen.

Wie weit oder wie nah bist Du, Ingeborg? Sag es mir, damit ich weiß, ob Du die Augen schließt, wenn ich Dich jetzt küsse.

Paul

10 Ingeborg Bachmann an Paul Celan, Wien, 24. 11. 1949

Wien, am 24. Nov. 1949.

Lieber, lieber Paul,
jetzt ist es November geworden. Mein Brief, den ich im August geschrieben habe, liegt noch da – alles ist so traurig. Du hast vielleicht auf ihn gewartet. Nimmst Du ihn heute noch?
Ich fühle, dass ich zu wenig sage, dass ich Dir nicht helfen kann. Ich müsste kommen, Dich ansehen, Dich herausnehmen, Dich küssen und halten, damit Du nicht fortgleitest. Bitte glaub daran, dass ich eines Tages komme und Dich zurückhole. Ich sehe mit viel Angst, wie Du in ein grosses Meer hinaustreibst, aber ich will mir ein Schiff bauen und Dich heimholen aus der Verlorenheit. Du musst nur selbst auch etwas dazutun und es mir nicht zu schwer machen. Die Zeit und vieles ist gegen uns, aber sie soll nicht zerstören dürfen, was wir aus ihr herausretten wollen.
Schreib mir bald, bitte, und schreib, ob Du noch ein Wort von mir willst, ob Du meine Zärtlichkeit und meine Liebe noch nehmen kannst, ob Dir noch etwas helfen kann, ob Du manchmal noch nach mir greifst und mich verdunkelst mit dem schweren Traum, in dem ich licht werden möchte.
Versuche es, schreib mir, frag mich, schreib Dir alles weg, was auf Dir liegt!

Ich bin sehr bei Dir

Deine Ingeborg.

10.1 Beilage

Wien, am 25. August 1949.

Liebster,
dieser Brief wird nicht leicht; fraglos und antwortlos ist ein Jahr vergangen, mit wenigen, aber sehr zärtlichen Grüssen, ganz kleinen Versuchen zu sprechen, aus denen bis heute noch nicht viel

geworden ist. Erinnerst Du Dich noch an unsere ersten Telephongespräche? Wie schwer das war; mich hielt immer etwas erstickt, ein Gefühl, das dem nicht unähnlich war, das unsere Briefe bisher trug. Ich weiss nicht, ob Du es gleich siehst, aber ich will es einmal annehmen.

Dein Schweigen war sicher ein andres als meines. Für mich ist es selbstverständlich, dass wir jetzt nicht über Dich und Deine Beweggründe sprechen wollen. Sie sind und werden mir immer wichtig sein, aber wenn etwas auf die Waagschale gelegt werden soll, dann nichts, was Dich betrifft. Für mich bist Du Du, für mich bist Du an nichts »schuld«. Du musst kein Wort sagen, aber ich freue mich über das kleinste. Mit mir ist das anders. Ich bin wohl der Einfachere von uns beiden, und doch muss ich mich eher erklären, weil es für Dich schwerer zu verstehen ist.

Mein Schweigen bedeutet vor allem, dass ich die Wochen behalten wollte, wie sie waren, ich wollte nichts, als eben ab und zu durch eine Karte von Dir die Bestätigung bekommen, dass ich nicht geträumt habe, sondern alles wirklich war, [wie] es war. Ich hatte Dich lieb gehabt, ganz unverändert, auf einer Ebene, die »jenseits der Kastanien« war.

Dann kam der heurige Frühling und alles wurde stärker, sehnsüchtiger und trat aus dem Glassturz hervor, unter den ich es gestellt hatte. Viele Pläne entstanden, ich wollte nach Paris, Dich wiedersehen, aber ich kann Dir nicht sagen zu welchem Zweck und Ziel. Ich weiss nicht, warum ich Dich will und wozu. Darüber bin ich sehr froh. Ich weiss das sonst zu genau.

Es war sehr viel in diesem Jahr für mich, ich bin ein Stück weitergekommen, ich hatte viel Arbeit, ich habe ein paar erste Sachen weggeschrieben, mit sehr vielen Zweifeln, Hemmungen, Hoffnungen.

Weisst Du noch, wie verzweifelt Du immer ein bisschen über meine Offenheit in manchen Dingen warst? Ich weiss nicht, was Du jetzt wissen willst und was nicht, aber Du wirst Dir ja denken können, dass die Zeit seit Dir für mich nicht ohne Beziehungen zu Männern vergangen ist. Einen Wunsch, den Du damals diesbe-

züglich hattest, habe ich Dir erfüllt; das habe ich Dir auch noch nicht gesagt.
Aber nichts ist zur Bindung geworden, ich bleibe nirgends lang, ich bin unruhiger als je und will und kann niemandem etwas versprechen. Wie lange wohl unser Mai und unser Juni hinter all dem zurückliegen, fragst Du: keinen Tag, Du Lieber! Mai und Juni ist für mich heute abend oder morgen mittag und noch in vielen Jahren.
Du schreibst so bitter, wie merkwürdig ich mich verhalten hätte, als ich vor der Alternative Paris oder Amerika stand. Ich verstehe Dich zu gut, und es tut mir jetzt auch sehr weh, dass das so zu Dir gekommen ist. Was immer ich auch darauf antworte, wird falsch sein. Vielleicht wollte ich damit nur sehen, ob Dir noch an mir liegt, nicht überlegt, eher unbewusst. Damit wollte ich auch nicht zwischen Dir und Amerika wählen, sondern etwas abseits von uns. Dann kommt dazu, dass ich Dir schwer begreiflich machen kann, wie oft sich Pläne von einem Tag auf den anderen erledigen und ein anderes Gesicht bekommen. Heute sind es Stipendien, die morgen nicht mehr in Frage kommen, weil man sich zu einem bestimmten Termin bewerben müsste, den man nicht einhalten kann, dann fehlen Bestätigungen, die man nicht erbringen kann. Heute bin ich so weit, dass ich zwei Empfehlungen habe, eine für ein Stipendium nach London, eine für eines nach Paris, aber ich kann nicht sicher sagen, was daraus wird und ich betreibe diese Ansuchen ohne einen bestimmten Gedanken, nur in der Hoffnung, dass eines sich irgendeinmal realisiert. Ausserdem will mich jemand auf eine private Reise nach Paris mitnehmen. Ich bin ziemlich sicher, dass das einmal zustande kommt, weil es einmal schon knapp daran war. Im Augenblick bin ich selbst das Hindernis, weil meine Schlussprüfungen für das Doktorat sich derart in die Länge ziehen, dass ich es nie für möglich gehalten hätte.
Du wirst nach allem schliessen, dass ich Dir sehr fern wäre. Ich kann Dir nur eines sagen, so unwahrscheinlich es mir selbst erscheint, ich bin Dir sehr nah.

Es ist eine schöne Liebe, in der ich mit Dir lebe, und nur weil ich Angst habe, zu viel zu sagen, sage ich nicht, dass sie die schönste ist.
Paul, ich möchte Deinen armen schönen Kopf nehmen und ihn schütteln und ihm klarmachen, dass ich sehr viel damit sage, viel zu viel für mich, denn Du musst doch noch wissen, wie schwer es mir fällt, ein Wort zu finden. Ich wünsche mir, dass Du alles aus meinen Zeilen herauslesen könntest, was dazwischen steht.

16 *Paul Celan an Ingeborg Bachmann, Paris, am oder nach dem 14. 10. 1950*

Liebe Ingeborg,
es ist halb fünf, und ich muß nun zu meinem Schüler. Es war unser erstes Rendezvous in Paris, mein Herz klopft ganz laut, und Du bist nicht gekommen.
Ich muß heute noch zwei Stunden geben, habe weit zu fahren und bin erst gegen drei Viertel neun zurück.
Der Steckkontakt für Dein Bügeleisen steckt in der Lampe; sei aber vorsichtig und schließ die Tür gut zu, damit sie im Hotel nicht merken, daß Du bügelst. Schreibe auch Deine Briefe. Auf Briefe warten ist schwer.
Und denk ein wenig an das, was über mich strich, als ich zu Dir sprach.

Paul

17 *Paul Celan an Ingeborg Bachmann, wohl Paris, nach dem 14. 10. 1950 oder nach dem 23. 2. 1951*

Liebe Inge,
ich [bin] ungefähr um 1^{Uhr} 45 zurück – kannst Du bitte so lange warten

Paul

18 Ingeborg Bachmann an Paul Celan, Wien, 4. 7. 1951

Liebster Paul,
heute abend fährt Klaus nach Paris; ich möchte ihm diesen und noch andere, vor langer oder weniger langer Zeit geschriebene Briefe mitgeben. Auch wenn Du keine Zeit finden solltest, mir zu schreiben, werde ich hoffentlich bald von Klaus wissen, wie es Dir geht.
Bitte, überlege Deiner Gedichte wegen alles genau; ich glaube, daß es kein Fehler wäre, durch Jünger und durch Doderer etwas in Gang zu bringen.
Nimm mir vor allem nicht übel, daß ich die wichtigsten Briefe immer mit der Maschine geschrieben habe. Das Tippen ist mir so zur Gewohnheit – oder viel mehr als das – geworden, daß ich kaum mehr fähig bin, Worte, die mir am Herzen liegen, mit Tinte aufs Papier zu malen.
Heute war ich im Institut Français; dort brachte ich in Erfahrung, daß ich vielleicht doch schon zum nächsten Sommersemester (Februar oder März 1952) nach Paris könne. Klaus habe ich sehr lieb gewonnen: wir haben einander in letzter Zeit oft gesehen und gesprochen, und es wäre schön, wenn wir vier einander nie ganz aus den Augen verlieren würden.

In Liebe
Deine
Ingeborg.

Wien, den 4. Juli 1951.

18.1 Beilage

März 51.

Paul, Lieber,
es ist Ostermontag, und ich bin zum ersten Mal aufgestanden, nach einer Krankheit, die nicht sehr arg war, die mir aber sehr wichtig war, die mir fast wunderbar zu Hilfe gekommen ist. Denn

ich wusste nicht mehr, wie ich es hier und wie ich es hier mir recht machen sollte. Der erste Fehler war, dass ich eine Woche mein altes Wiener Leben weiterspielte, genau so, als wäre nichts gewesen, dann plötzlich verzweifelt und hysterisch abbrach und nicht aus dem Haus wollte und dabei doch wusste, dass es so nicht immer bleiben könne, und dann kam noch von aussen etwas dazu, das sehr schlimm war und fast schlimmer als alles bisher. Dann kam meine Schwester und dann diese Grippe. Jetzt ist es so still wie nach den Bombenabwürfen im Krieg, wenn sich der Rauch verzogen hatte und man entdeckte, dass das Haus nicht mehr stand und nichts zu sagen wusste; was hätte man auch sagen sollen?

Morgen werde ich vielleicht schon ausgehen, eine Arbeit suchen. Es findet sich immer etwas. Das Telephon ist heute schon ganz still – wie in einem heimlichen, heiteren Einverständnis.

Im Herbst komme ich vielleicht nach Paris. Es hat sich jedoch noch nichts entschieden. Aber auch, wenn ich hierbleiben muss, will ich nicht traurig sein. Ich habe soviel gehabt, soviel genommen, dass es noch lange reichen könnte; aber auch, wenn es nicht reicht – man kommt mit so wenigem aus. Später einmal werden wir sowieso nur wenig Gepäck mitnehmen dürfen, vielleicht überhaupt keines.

Du erwartest ja nicht, dass ich heute schon etwas zu »uns« beiden sage, ich kann jetzt nicht gut denken, ich muss zuerst wegkommen von allem, nur fürchte ich, dass ich dann auch von Dir zu weit weg sein werde.

Schreibe mir bitte zuweilen. Schreibe mir nicht zu vag, erzähle ruhig, dass der Vorhang vor unserem Fenster schon wieder abgebrannt ist und uns die Leute zusehen von der Strasse –

Von Herzen
Deine
Ingeborg

Lass die Nani innig grüssen von mir.
Milo Dor hat sich sehr gefreut.

4. Juli: Ich lege diesen Brief nur bei, – er ist einer von vielen, die meisten sind aber schon zerdrückt – damit Du Dich ein bisschen auskennst.

18.2 Beilage

Juni 1951

Lieber, bitte, kann ich Deine Gedichte von Klaus haben oder kannst Du sie mir bald schicken; ich habe jetzt endlich eine günstige Verbindung mit Deutschland, noch dazu von einem Mann, der Deine Sachen kennt und sehr dran interessiert ist. Ich will alles versuchen und ihn sehr bearbeiten. Es müsste aber ein Manuskript bis Mitte oder Ende August in meinen Händen sein! (Es ist der Heimito von Doderer, vom Beck-Verlag, dem zweitältesten Verlag [in] Deutschland, nach Cotta, – wir haben schon lang über Dich gesprochen).

18.3 Beilage

Wien, den 27. Juni 1951.

Lieber, lieber Paul,
in wenigen Tagen fährt Klaus nach Paris; er soll die vielen Briefe mitnehmen, die ich Dir geschrieben habe, die falschen und die richtigen, ich habe nie den Mut gehabt, sie abzuschicken. Er wird Dir am besten das Wichtigste, was es von hier zu erzählen gibt, sagen können, auch ein wenig von dem anderen, viel Wichtigeren, das man schwer oder überhaupt nicht sagen kann.
Ich weiss nicht, ob ich es versuchen soll.
Ich sehne mich so, so sehr nach Dir und ich bin manchmal fast krank davon und wünsche mir nur, Dich wiederzusehen, irgendwo, aber nicht irgendwann, sondern bald. Aber wenn ich mir vorzustellen versuche, wie und was Du mir darauf antworten

könntest, wird es sehr dunkel, es stellen sich die alten Missverständnisse ein, die ich so gerne wegräumen möchte.
Weisst Du eigentlich noch, dass wir doch, trotz allem, sehr glücklich miteinander waren, selbst in den schlimmsten Stunden, wenn wir unsre schlimmsten Feinde waren?
Warum hast Du mir nie geschrieben? War Frau Jené denn noch nicht in Paris? Warum spürst Du nicht mehr, dass ich noch zu Dir kommen will mit meinem verrückten und wirren und widerspruchsvollen Herzen, das ab und zu noch immer gegen Dich arbeitet? – Ich fange ja langsam zu verstehen an, warum ich mich so sehr gegen Dich gewehrt habe, warum ich vielleicht nie aufhören werde, es zu tun. Ich liebe Dich und ich will Dich nicht lieben, es ist zuviel und zu schwer; aber ich liebe Dich vor allem – heute sage ich es Dir, auch auf die Gefahr hin, dass Du es nicht mehr hörst oder nicht mehr hören willst.
Vor dem Herbst kann ich aus Wien keinesfalls weg, ich habe sehr viel Arbeit und kann es mir nicht leisten, die Stelle aufzugeben, die ich angenommen habe. Dann werde ich vielleicht nach Deutschland gehen, um mich umzusehen oder um einige Zeit dort zu bleiben. Mein Pariser Stipendium hingegen wurde auf das Jahr 1952 verschoben. Wie ich das aushalten werde, weiss ich noch nicht, am liebsten möchte ich, um die Zeit zu überbrücken, bis dahin nach Amerika gehen. – Aber alle diese Pläne, von denen ich Dir hier erzähle, sind sehr vage; es kann auch ganz anders kommen – es könnte sein, dass ich hierbleiben muss und nichts von all dem erreiche, was ich in diesem Jahre zu erreichen wünsche.

Lass Dir alles Liebe und alle Liebe von mir geben, die vielen Küsse und Umarmungen, die Du nicht nehmen kannst, lass mich einen Gedanken lang bei Dir sein …

Deine
Ingeborg

19 Paul Celan an Ingeborg Bachmann, Levallois-Perret, 7. 7. 1951

Paul Celan
p/A Dr. W. Adler
14, Villa Chaptal
Levallois-Perret
(Seine) Levallois, den 7. Juli 1951.

Meine liebe Inge,
vor einer Woche brachte mir Frau Jené Dein Päckchen, und gestern kam Klaus mit einem weiteren Geschenk von Dir – vielen, vielen Dank für all das! Herzlichen Dank auch für die Briefe: den ersten den ebenfalls Frau Jené mir überbringen sollte, erhielt ich noch vor Wochen, Frau Jené war so liebenswürdig gewesen, ihn noch in Wien aufzugeben, da sie mit einem längeren Aufenthalt an der Saar rechnete und mich nicht warten lassen wollte.
Es ist schwer, diese Briefe zu beantworten, Ingeborg, das weisst Du, Du weisst es sogar besser als ich, weil Du die Situation, in der wir uns nun befinden, von einer Seite her übersehen kannst, die für ihr Entstehen massgebend (um nicht zu sagen: verantwortlich) war. Ich will damit sagen, dass Dir die Umrisse Deiner eigenen Person deutlicher erscheinen dürften als mir, der ich – nicht zuletzt durch Dein allzu beharrliches Schweigen – vor Problemen stehe, deren Lösung nur ein weiteres Problem ergibt und zwar eines von der Art jener, die dadurch entstehen, dass man sie so lange mit Sinn und Signifikanz speist, bis man zu guter Letzt als Absurdum vor ihnen steht, unfähig die Frage zu stellen, wie man dahin gelangt ist. Wäre ich unbeteiligt – wie faszinierend wäre es da, wie sinnvoll auch, dieses doppelseitige Über-sich-hinausgreifen zu verfolgen, diese dialektisch potenzierte Schemenhaftigkeit unserer dennoch mit Blut gespeisten Wirklichkeiten! Indes, ich bin b e t e i l i g t, Inge, und so habe ich kein Auge für das, was Du in jener sorgfältig durchgestrichenen, aber doch nicht bis

zur Unleserlichkeit getilgten Stelle in einem Deiner Briefe das »Exemplarische« unserer Beziehung nennst. Wie sollte ich auch an mir selber Exempel statuieren? Gesichtspunkte dieser Art sind nie meine Sache gewesen, mein Aug fällt zu, wenn es aufgefordert wird, nichts als ein Auge, nicht aber mein Auge zu sein. Wäre dies anders, ich schriebe keine Gedichte.

Da, wo wir zu stehen glaubten, Inge, da reden die Gedanken den Herzen das Wort, nicht aber umgekehrt. Daß nun aber gerade das Gegenteil sich ereignete, kann eine Handbewegung, mag sie auch die einzige sein, die einem ein schwerer Augenblick noch zugesteht, nicht ungeschehen machen. Nichts ist wiederholbar, die Zeit, die Lebenszeit hält nur ein einziges Mal inne, und es ist furchtbar zu wissen, wann und für wie lange.

Es ist schwer, Dir, gerade Dir vor Augen zu halten, was längst zu Deinen eigensten Beständen gehört, – aber sag, hältst Du es denn für richtiger, durch ein leichthin in die Ferne geflüstertes Wort die Welt noch undurchdringlicher zu machen, als sie ohnehin schon ist?

Ich wäre froh, mir sagen zu können, dass Du das Geschehene als das empfindest, was es auch wirklich war, als etwas, das nicht widerrufen, wohl aber zurückgerufen werden kann durch wahrheitsgetreues Erinnern. Dazu – und nicht nur dazu – brauchst Du Ruhe, Ingeborg, Ruhe und Gewissheit, und ich glaube, Du erreichst sie am besten, wenn Du sie bei Dir und nicht bei andern suchst. Es ist Dir ein Stipendium in Aussicht gestellt worden, Inge, arbeite also diesem Stipendium entgegen und versuche nicht, die Zeit, die Dich von Paris noch trennt, durch eine Reise nach Amerika zu überbrücken. Warum auch Amerika? Kommt es denn wirklich darauf an, gerade da Erfahrungen zu sammeln, wo man sie so gern am Erfolg misst?

Du hast bisher mehr vom Leben gehabt, Inge, als die meisten Deiner Altersgenossen. Keine der Türen ist Dir verschlossen geblieben, und immer wieder tut sich Dir eine neue Tür auf. Du hast keinen Grund, ungeduldig zu sein, Ingeborg, und wenn ich eine Bitte äussern darf, so ist es gerade diese: denk, wie rasch alles Dir zu Gebote steht. Und sei nun ein wenig sparsamer mit Deinen Ansprüchen.

Du hast auch mehr Freunde, mehr Menschen, die um Dich bemüht sind, als wir andern. Vielleicht zu viele. Oder vielmehr: zu viele, die zu wissen glauben, wohin Dein Weg führt. Wo sie doch wissen müßten, daß ihr eigener Weg, der von ihnen bereits beschrittene, sie keineswegs dazu berechtigt, Übersichten von der Art zu gewinnen, die nottut, wenn man Freunde beraten will. Ich habe das Gefühl – und dieses Gefühl wird mir von mehreren Seiten bestätigt –, daß man in Wien nur in den allerseltensten Fällen wirklich auch das ist, was man zu repräsentieren vorgibt. Ich will damit sagen, daß viele der Menschen, die in Wien den Ton angeben, in den meisten Fällen ein verschanztes Ohr haben und einen vorlauten Mund. Diese Feststellung, Du kannst es mir glauben, macht mich ebenso bitter wie Dich, denn ich hänge an Wien, trotz allem. Ich sage Dir all das, weil ich Dich vor einem gewissen Erfolg warnen möchte: er kann nur sehr kurzlebig sein, und Menschen, die wie Du im Schweren beheimatet sind, sollten ihn zu umgehen wissen.

Aber nun genug der guten Ratschläge! Ein Wort noch: Du weißt, ein wie schweres Erlebnis hinter ihnen steht.

Von mir ist nicht viel zu berichten. Ich werde jetzt etwa sechs Wochen bei Bekannten wohnen, an der Peripherie der Stadt, in einem kleinen Häuschen, aus dessen Fenstern man auf drei Lindenbäume hinausblickt. Kein Straßenlärm, keine bummelnden Studenten, keine Amerikaner, die »Paris by night« erleben ... und eine Schreibmaschine. Ich habe wieder ein paar Apollinaire-Gedichte übersetzt, vielleicht bringt sie der ›Merkur‹.

Für Deine Bemühungen um meine Gedichte danke ich Dir besonders. Ich erinnere mich sehr gut an Heimito von Doderer – kannst Du mir seine Adresse schicken? Hattest Du Gelegenheit, Hilde Spiel zu sehen? Sie hat meine im Almanach veröffentlichten Gedichte in der Münchner ›Neuen Zeit‹ auf das liebenswürdigste besprochen – ich hätte ihr so gern persönlich gedankt. Ist Dir bekannt, ob sie nach Paris kommt?

Liebe Inge, ich schließe nun. Ich schließe mit der Bitte, mir öfter und regelmäßig zu schreiben.

Alles Liebe und Schöne!
Paul

William Trevor
SEITENSPRUNG

In dem japanischen Café half er ihr aus dem Mantel und brachte ihn zu den Wandhaken unter dem Schild, auf dem die Geschäftsleitung jegliche Haftung für die Garderobe ablehnte. Obwohl es noch früh war, zehn nach acht, waren sie nicht die Ersten im Café. Der Taxifahrer, der fast jeden Morgen kam, las die *Daily Mail* in seiner gewohnten Ecke. Auch zwei der Musikstudenten waren schon da.

Er hängte den leichten, schwarzen Mantel auf, an dem noch immer ein schwacher Duft haftete. Die wasserabweisende Schicht bot heute Schutz genug, denn der Wetterbericht, den sie beide gehört hatten – sie vor einer Stunde in ihrer Küche, er beim Rasieren in Dollis Hill –, sagte zuversichtlich voraus, das schöne Wetter werde noch ein paar Tage halten. Er hatte keinen Mantel mitgenommen, und im Sommer trug er keinen Hut.

Vom Tisch aus, an dem sie immer saßen – Seite an Seite, damit sie die Straße im Blick hatten, auf der zunehmend mehr Büroangestellte vorbeieilten –, beobachtete sie, wie er auf seine Jackentasche klopfte, um sicherzugehen, dass er Zigaretten und Feuerzeug bei sich hatte. Irgendetwas war heute Morgen anders: Auf dem Weg von der Chiltern Street hierher hatte sie ganz kurz gespürt, dass ihre Liebesaffäre nicht mehr so war wie gestern. Meistens begegneten sie sich in der Chiltern Street, denn dort trafen ihre Wege zusammen. Sie warteten nie aufeinander: Wenn der eine oder andere später kam, trafen sie sich eben im Café.

»Alles in Ordnung?«, fragte sie. »Alles in Ordnung?« Sie versuchte die Sorge aus ihrem Tonfall herauszuhalten; dafür gab es keinen Grund, warum auch? Sie kannte die Verletzlichkeit in der Liebe – meistens war sie unangebracht.

»Aber natürlich«, sagte er, und dann kam der Kaffee, für ihn mit einem Croissant; die japanische Kellnerin lächelte. »Aber na-

türlich«, wiederholte er und brach sein Croissant in zwei Hälften.
Ein weiterer Musikstudent trat jetzt ein, der mit dem Klarinettenkoffer. Dann tauchte ein Paar aus dem Hotel in der George Street auf, Amerikaner, die sich unter das Bild von der Meereswelle setzten; an ihren Stimmen – sie bestellten Rührei mit Schinken – hörte man, woher sie kamen. Die regelmäßige Anwesenheit solcher Besucher aus Übersee ließ darauf schließen, dass das Frühstück im nahe gelegenen Hotel teurer war als hier.
Das Liebespaar, das sich in der Chiltern Street getroffen hatte, war trotz beider Bemühungen leicht gehemmt. Auf ihre Frage, ob alles in Ordnung sei, hatte sich in seiner Miene ein flüchtiges Unbehagen gespiegelt: Davon war, zumindest jetzt, nichts mehr zu sehen. Seine beruhigende Antwort hatte sie nicht überzeugt, und ihr eigener Versuch, sich zu beruhigen, kam ihr binnen weniger Minuten sinnlos vor: Das wiederum hielt sie vor ihm verborgen.
Sie streckte eine Hand aus und schnipste ihm einen Krümel Croissant vom Kinn. Es war so eine ihrer Gewohnheiten, er strich ihren Mantelkragen glatt, wenn er schief saß, sie rückte seine Krawatte zurecht. Kleine Gesten, mit denen sie zeigten, dass sie in den gemeinsam verbrachten Augenblicken einander gehörten, auch wenn sie es nie aussprachen.
»Ich dachte nur«, setzte sie an und sah, wie er den Kopf schüttelte.
»Du bist so schön!«, murmelte er leise. Mit den Fingerspitzen strich er über ihren Handrücken, das tat er oft, immer nur einmal die gleiche kurze Bewegung.
»Du fehlst mir die ganze Zeit«, sagte sie.
Sie war neununddreißig, er Mitte vierzig. Ihre Beziehung hatte als Büroaffäre begonnen, noch ehe Computer und Software ihr den Lebensunterhalt wegnahmen. Sie hatte sich gezwungenermaßen nach einer anderen Arbeit umgesehen, er war gezwungenermaßen geblieben: Er musste für seine Familie in Dollis Hill sorgen. Jetzt trafen sie sich so wie heute Morgen, dann zur Mittagspause in den Paddington Street Gardens oder in der Bildergalerie, wo

sie bei Regen heimlich ihre Sandwiches aßen, später noch mal um zwanzig vor sechs im Running Footman.

Er war ein Mann, zu dem nachlässige Kleidung gepasst hätte. Seine lockeren, weit ausholenden Bewegungen, das kantige, oft sonnengebräunte Gesicht, die widerspenstigen hellen Haare, das Übergewicht, zu dem er langsam neigte – das alles deutete auf jemanden hin, der sich nichts von der Mode diktieren ließ. Dabei war er ziemlich elegant gekleidet: Heute Morgen trug er eine helle leichte Hose mit Jackett, ein blaues Eton-Hemd, dazu eine blau-rot gestreifte Krawatte. Diesen Gegensatz hatte sie immer attraktiv gefunden.

Sie dagegen war heute, abgesehen vom Schwarz ihres Regenmantels, ganz in Blau und Grün, die Farben fanden sich auch in ihrem dünnen Seidenschal wieder. Ihr schwarzes glattes Haar zeigte eine Spur von Grau, die sie nicht zu verheimlichen suchte, lieber machte sie das Beste aus dem, was ihr das nahende mittlere Alter ließ. Es wäre ihr ein Gräuel gewesen, wenn sie auch nur ein Gramm zugenommen hätte; sie achtete penibel darauf, dass es nicht so weit kam. Augen, Nase, Mund, Wangen und ein makelloser Hals: Keine Einzelheit dominierte ihr Gesicht, aber das Zusammenspiel aller Züge machte ihre klare, schlichte Schönheit aus. Die hübschen Ohrringe – kleine Tupfer, die nie fehlten – setzten einen Akzent, der das Gesamtbild abrundete.

»Rauch deine Zigarette«, sagte sie.

Er zog das Zellophan von einer Packung Marlboro. Sie unterhielten sich über den Tag und das, was vor ihnen lag. Sie war Sekretärin bei einem Geschäftsmann, der eine Importfirma für Modewaren leitete, er Steuerberater. Eine Lieferung italienischer Hosenanzüge war im Lager in Shoreditch nicht angekommen und hatte auch noch am Abend davor gefehlt. Das erzählte sie ihm, und er erwähnte einen Mann namens Bannister, einen Fliesenleger, der seine Gewinne nicht ordnungsgemäß gemeldet hatte, und das hieß, er musste als Klient abgewiesen werden. Gestern war es dem Mann schriftlich mitgeteilt worden, heute Morgen würde ein wütender Anruf die Antwort sein.

Der Taxifahrer verließ das Café, denn inzwischen war es fast halb neun, bald würden die ersten Verkehrspolizisten kommen. Von ihren Plätzen aus sahen sie, wie er sein Taxi aufschloss, das gegenüberstand. Sobald das orangefarbene Licht aufleuchtete, fuhr er davon.

»Du bist bedrückt«, sagte sie, ohne es sagen zu wollen und obwohl sie spürte, dass da etwas war, an das sie besser nicht rühren sollte.

Er schüttelte den Kopf. Bannister sei vor allem sein Klient gewesen, sagte er; er hätte es wissen müssen. Aber das war nicht der Grund, sie spürte es. Wir lügen uns an, dachte sie plötzlich, Unwahrheit durch Verschweigen oder wie der Ausdruck hieß. Sie spürte die Lügen, obwohl sie kaum wusste, worin ihre eigene bestand, außer vielleicht, dass sie ihre Nervosität zu verbergen suchte.

»Stehen dir gut, die spanischen Schuhe«, sagte er.

Vor zwei Tagen hatten sie die Schuhe gemeinsam gekauft. Auf ihre Frage hin hatte das Mädchen gesagt, es seien spanische. Schon heute Morgen in der Chiltern Street war ihm aufgefallen, dass sie sie zum ersten Mal trug. Eigentlich hatte er ihr gleich sagen wollen, wie gut sie ihr standen, aber dann war die Obdachlose vorbeigeschlurft, die um diese Zeit immer durch die Chiltern Street zog, und er musste in seiner Tasche nach zwanzig Pence suchen.

»Sie sind bequem«, sagte sie. »Überraschenderweise.«

»Damit hast du nicht gerechnet.«

»Nein.«

An genau diesem Tisch hatte sie ihm von ihrer Scheidung berichtet, und zwar erst – ohne ihre Absicht vorher auch nur anzudeuten –, als die Auflösung ihrer Ehe feststand. Ihre geräuschlose Scheidung, hatte sie es genannt, und nichts vom Protest ihres Mannes erzählt, dem sie als einzigen Grund nannte, dass ihre Ehe am Ende sei. »Nein, es gibt keinen anderen«, war sie der Wahrheit ausgewichen, und auch das hatte sie ihrem Freund nicht erzählt. »Ich hätte mich sowieso scheiden lassen«, behauptete sie im Café, obwohl sie wusste, dass es nicht unbedingt stimmte. Jetzt sei sie

glücklicher, behauptete sie ebenfalls. Sie fühle sich befreit, die Bürde von Pflicht und Unfreiheit sei von ihr genommen. So habe sie es gewollt.
»Wahrscheinlich durchs Fliegengitter«, sagte er, inzwischen war das Thema eine streunende Katze, die bei ihm zu Hause durchs Schlafzimmerfenster kam.
Obwohl sie manchmal solche häuslichen Einzelheiten streiften – sein Haus, den Garten, die Nachbarschaft in Dollis Hill –, blieb seine Familie ein Geheimnis und wurde nie näher beschrieben oder diskutiert. Seit der Scheidung war er ein paarmal in der Wohnung gewesen, aus der ihr Mann ausgezogen war, um kleine Arbeiten für sie zu erledigen; so war er auch in einen anderen Bereich ihres Lebens eingebunden. Aber sie waren so daran gewöhnt, ihre Liebesaffäre anderswo und auf andere Weise auszuleben, dass die Wohnung dafür nie der richtige Ort zu sein schien.
Er zahlte und ließ ein Trinkgeld liegen. Dann hob er seine alte, abgewetzte Aktentasche auf, die an einem Tischbein gelehnt hatte, und hielt ihr den Mantel auf. Draußen wurde die Sonne jetzt ein bisschen wärmer. Sie hakte sich bei ihm unter, als sie von der Marylebone High Street in die George Street einbogen. Mit diesen Straßen und ein paar anderen war ihre Liebesaffäre verknüpft und – etwas privater – mit Orten wie dem japanischen Café und den Paddington Street Gardens, der Bildergalerie, dem Running Footman. In diesem Teil von London fühlten sich beide zu Hause, obwohl ihre Wohnung um Meilen entfernt war und Dollis Hill noch weiter.
Sie gingen jetzt weiter, vorbei an dem grauen Kasten der katholischen Kirche, Manchester Square, Fitzhardinge Street, dann zu ihrer Haltestelle. Als der Bus kam, umarmten sie sich flüchtig. Dann stieg sie ein und winkte.

Langsam ging er den gleichen Weg zurück, den sie gekommen waren, in der rechten Hand seine abgewetzte Aktentasche, die nur sein Mittagssandwich enthielt. Er kam wieder an der Bildergalerie vorbei, deren Fassade ein hässliches Gerüst verdeckte. Ein Portier polierte das Messing der Hoteltüren, Leute strömten aus der Kirche.

Immer noch langsam ging er weiter zur Dorset Street, in der sein Büro war. Als sie auch noch dort gearbeitet hatte, hatten es alle Kollegen vermutet und irgendwann gewusst – aber nicht, dass sie manchmal am frühen Morgen, viel früher als jetzt, zusammen die enge Treppe hochgeschlichen waren, durch stickigen Mief, bis die Luft in dem durch die Trennwände geschaffenen Labyrinth endlich wieder zirkulierte. Meistens waren die Papierkörbe am Abend zuvor geleert und es war flüchtig staubgesaugt worden; eine Tragödie war es immer, wenn die Putzfrauen beschlossen hatten, lieber morgens zu kommen und noch da waren.

Das alles schien jetzt lange her und war doch noch lebhaft präsent: der beengte Platz auf dem Fußboden, das Sich-Beeilen, plötzliche Schritte auf der Treppe, wie er von ihren Kleidern den Staub abklopfte, bevor er sich den eigenen widmete. Auch als sie schon nicht mehr dort beschäftigt war, hatten sie das Büro noch ein paarmal frühmorgens benutzt, aber sie war immer dagegen gewesen, und jetzt machten sie es nicht mehr. Ihre Wohnung war zu weit weg, um sie in der Mittagspause aufzusuchen, und hatte deshalb nach der Scheidung in dieser Hinsicht nie eine Rolle gespielt. Hin und wieder, aber eher selten, konnte er es einrichten, eine Nacht dort zu verbringen, und dann erledigte er die Arbeiten, die sie für ihn aufgehoben hatte, bevor sie am nächsten Morgen wieder gemeinsam gingen.

Er sah sie vor sich, immer noch im Bus, ziemlich weit hinten, ihre schmale schwarze Handtasche auf dem Schoß, die spanischen Schuhe. Was hatte sie gemerkt? Warum hatte sie gefragt, ob alles in Ordnung sei, und das gleich zweimal? Ohne es zu wollen und entgegen seinem Bemühen hatte er ihr ein Gefühl vermittelt, das immer stärker an ihm nagte, eine Unruhe, die er nicht erklären wollte, weil er es nicht konnte und weil er sie nicht verstand. Als sie gesagt hatte, sie vermisse ihn die ganze Zeit, hätte er erwidern müssen, dass er sie genauso vermisse, weil es stimmte und schon immer so gewesen war.

Er hatte sich gerade in dem ihm zugeteilten, abgetrennten Bereich des Büros niedergelassen, die Fenster geöffnet und die Unterlagen, die sein Arbeitspensum für den Vormittag darstellten, in verschiedene Haufen geordnet, als das Telefon klingelte.
»He!«, polterte die Stimme des Fliesenlegers Bannister ungeniert los. »Was soll dieser Schwachsinn?«

»Am Dienstag hätten sie hier sein sollen«, sagte sie. »Dienstag letzter Woche. Den vierundzwanzigsten.«
Ein Schweigen trat ein, dann gedämpftes Getuschel, eine Hand wurde über den Hörer gelegt.
»Wir rufen Sie zurück«, versprach jemand, mit dem sie vorher nicht gesprochen hatte. »In fünf Minuten.«
Die Lieferung mit den Hosenanzügen sei in York gelandet, sagte wieder eine andere Stimme, als sie erneut telefonierte. Das stehe mit neunzigprozentiger Sicherheit fest. Die Salvadore-Kleider seien auf dem Weg nach York gewesen und die Hosenanzüge wohl versehentlich mitgeschickt worden.
Stunden später, als der Vormittag vorbei war, als weitere Telefonate geführt und Faxe verschickt und empfangen, als die verschollenen Hosenanzüge endgültig in York aufgespürt, dort in einen Lieferwagen verfrachtet und auf schnellstem Weg nach London befördert worden waren, wurde das Drama in den Paddington Street Gardens berichtet, ebenso wie der Zorn des Fliesenlegers Bannister, der mit einer Klage gedroht und verlangt hatte, dass die bereits in Rechnung gestellten und bezahlten Gebühren unter den gegebenen Umständen zurückerstattet werden sollten.
»Könnte er damit durchkommen?« Sie interessierte sich nicht nur aus Höflichkeit dafür und konnte sich den Ärger am Telefon gut vorstellen, die knappen Antworten darauf, denn Mitgefühl durfte natürlich nicht gezeigt werden.
Beim Zuhören öffnete sie den Plastikbehälter mit dem Salat, den sie unterwegs aus dem Prêt à Manger in der Orchard Street geholt hatte. Er hatte seine Sandwiches schon ausgepackt, sie verströmten einen schwachen Geruch nach Hefeaufstrich. Zwischen den

Weißbrotscheiben lugten Salatblätter vor. Nicht besonders nahrhaft, hatte sie gedacht, als sie sein Mittagessen zum ersten Mal sah, aber nichts gesagt. Normalerweise gab es noch Ei oder Tomate dazu, eine kleine Verbesserung; die Sandwiches waren am Morgen in Dollis Hill für ihn gemacht worden.
Der kleine ruhige Park, in dem der Rasen nicht betreten werden durfte, war früher ein Friedhof gewesen, was diejenigen, die es wussten, ein wenig schaudern ließ. Für die, die es nicht wussten, hatte der Park mit seinen leuchtenden Rosen heute nichts Düsteres. Mädchen lagen in der Sonne und genossen die kurze Pause vom Büro, Männer schlenderten ohne ihre Jacketts langsam durch die Gegend. Ein Rasenmäher wurde von einem jungen Mann angeworfen, der seine Baseballmütze verkehrt herum trug. Jazzmusik drang aus einem Walkman und brach einen Moment lang die Parkregeln, wurde aber schnell wieder ausgeschaltet.
Sie wollte ihren Salat nicht essen. Am liebsten hätte sie den durchsichtigen Deckel wieder zugemacht, das ganze Ding zu einem der schwarzen Mülleimer getragen und sich dann wieder zu ihm gesetzt und seine Hand gehalten, ohne ein Wort zu sagen. Sie wollte mit ihm dasitzen, und er sollte ihr erzählen, was ihn bedrückte, während die vielen anderen Büroangestellten verschwinden und der Park sich leeren würde, bis auf sie beide und die jungen Mütter mit ihren Kindern auf dem Spielplatz weiter hinten. Sie wollte sitzen bleiben, und keiner von ihnen sollte sich um den Nachmittag scheren, der ihnen nicht gehörte. Aber sie aß langsam weiter, genau wie er, die Tauben lauerten nur einen Meter entfernt.
Die Scheidung war der Grund, vermutete sie; letztlich konnte er doch nicht akzeptieren, was sie getan hatte. Sie konnte sich gut vorstellen, wie er nachts wach lag, immer häufiger in letzter Zeit, immer länger, und sich durch die Scheidung in die Enge getrieben fühlte. Wie er den Atem seiner Frau hörte, ihr Murmeln im Traum, und eine Hand fasste, die unwillkürlich ausgestreckt wurde. Wie er zusah, wenn die Dunkelheit dem Licht wich, erst nur in schmalen Streifen an den Rändern der Vorhänge, durch die hin und wieder streunende Katzen kamen. Wie er versuchte, an etwas

anderes zu denken, eine andere Zeit seines Lebens in sein Bewusstsein zurückzuholen, die Kindheit, seinen ersten Tag im Büro und wie fremd er sich gefühlt hatte. Aber am Ende blieb immer das, was war.

»Es ist aus, oder?«, sagte sie.

Er zerknüllte die Folie, in die seine Sandwiches gewickelt waren, und warf sie in den nächsten Mülleimer. Fast nie traf er daneben. Auch jetzt nicht.

»Ich verschwende dein Leben«, sagte er.

Ihr nicht aufgegessener Salat stand auf dem Platz zwischen ihnen, wo auch seine Aktentasche lag. Als sie noch im selben Büro gearbeitet hatten, mussten sie mittags nicht heimlich unter den schläfrigen Wärtern in der Bildergalerie essen, wenn es regnete; ihnen blieb immer die Privatsphäre in seinem abgetrennten Bereich, ganz still war es dann im Gebäude, manchmal spielte leise ein Radio hinter einer geschlossenen Tür, gewöhnlich nicht einmal das. Aber das Picknick im Park war ihnen immer am liebsten gewesen.

»Ich will es doch so«, sagte sie.

»Du hast etwas Besseres verdient.«

»Ist es die Scheidung?« Und im gleichen knappen Ton fügte sie hinzu: »Aber die wollte ich doch auch, verstehst du? Um meinetwillen.«

Er schüttelte den Kopf. »Nein, das ist es nicht.«

»Die Hitze bleibt uns angeblich noch ein Weilchen«, sagte Nell, die Teefrau, und schenkte ihm Tee aus einer großen Metallkanne ein, mit Milch, zwei Zuckerwürfel lagen auf der Untertasse. Sie war klein und drahtig, stand kurz vor der Pensionierung: Wenn sie ging, würde sie durch einen Getränkeautomaten ersetzt werden.

»Danke, Nell«, sagte er.

An der Scheidung lag es nicht. Die Erschütterungen der Scheidung hatte er überstanden und – nach dem Schock, als er davon erfuhr, was sie so undramatisch abgewickelt hatte – ihre ruhige

Entschlossenheit bewundert. Seine anfängliche Nervosität und Sorge, das Ganze könnte Folgen haben, die sie beide womöglich gefühlsmäßig überfordern würden, hatte er sie beiseite schieben lassen.
Während er seinen Tee mit Milch trank, spürte er plötzlich ein heftiges Begehren, scharf wie ein Splitter, ein Anschlag auf Herz und Sinne, und er wollte auf der Stelle zu ihr gehen: Er wollte die Treppe hinunterpoltern und in die frische Sommerluft stürmen, dann ein Taxi nehmen, was er sonst nie tat, in dem viel eleganteren Bürogebäude, in dem sie arbeitete, nach ihr fragen und, wenn sie aus dem Aufzug trat, ihr sagen, dass sie natürlich nicht ohneeinander leben könnten.
Er blätterte die Unterlagen durch, die er nachmittags bearbeiten wollte. *Ich nehme Ihre Anmerkungen bezüglich des Steuergesetzes von 1970 zur Kenntnis,* las er, *und weise darauf hin, dass die Steuerbehörde in der Regel nur dann die Bestimmungen unter Absatz 88 hinzuzieht, wenn eine beträchtliche Verzögerung vorliegt. Sollte die Verzögerung im vorliegenden Fall den 5. April überschreiten, treten diese Bestimmungen in Kraft. Um die dann fällige Steuerschuld aufzufangen, empfehle ich unter allen Umständen, eine vorläufige Schätzung zu erstellen.*
Er kritzelte seinen Einspruch hin und legte ihn auf den Stapel zum Tippen. Sie war die Stärkere von beiden, sie war stoisch, und dieses Stoische hatte er immer geliebt. Ohne ihre Affäre käme sie besser zurecht, auch wenn die Umstände nahe legten, dass es nicht so sein würde.

Er war noch nicht im Running Footman, als sie eintrat. Gewöhnlich saß er schon da, aber ganz gleich, was war, er würde noch kommen. Als er dann kam, kaufte er die Getränke, da er heute Abend an der Reihe war, und trug sie zu dem Platz, den sie ihm freigehalten hatte. Für sie einen halbtrockenen Sherry, er trank den Rotwein der Woche aus Polen. Im Hintergrund spielte Muzak, jazzig und sentimental.
»Tut mir Leid«, sagte er, ehe er irgendetwas anderes sagte.

»Ich bin glücklich, weißt du.« Eigentlich wollte sie mehr sagen. Den ganzen Nachmittag über hatte sie sich ihre Sätze fix und fertig zurechtgelegt. Aber in seiner Nähe wurde ihr klar, dass sich alles erübrigte: Wenn jemand reden musste, dann er. Wieder beteuerte er ihr, sie habe etwas Besseres verdient, und wiederholte auch, dass er ihr Leben verschwende.
In den vierzig Minuten, die ihnen dann verblieben, sprachen sie über die Liebe: wie sie sie erlebt hatten, wie es immer noch war, von den Rücksichten und notwendigen Einschränkungen, auch von der Leidenschaft, dem Schmerz, wie absurd ihnen ihre Liebe oft vorgekommen war, wie sie ihre gemeinsame Zeit nie verschwendet hatten, weil sie nicht schweigend in einem dunklen Kino saßen oder die wenigen gemeinsamen Nächte in ihrer Wohnung verschliefen. Sie hatten ihre Zeit nicht mit Streitigkeiten und Diskussionen verschwendet, wie sie bei Liebenden üblich waren. Und sie verschwendeten sie auch jetzt nicht in ihrem Gespräch.
»Warum?«, murmelte sie, als ihre Gläser fast leer waren und es im Running Footman lauter wurde, weil viele Büroangestellte sich freuten, dass der Arbeitstag hinter ihnen lag. »Bitte.«
Er antwortete nicht, dann rang er sich mühsam die Worte ab: Es waren die Blicke der Leute. Das sei der Grund, sagte er. Wie die Obdachlose guckte, der er in der Chiltern Street immer ein Almosen gab, und der Taxifahrer im japanischen Café und die Kellnerin dort, die schläfrigen Wärter in der Bildergalerie und die Leute, die sie im Park angafften. Überall, auch hier, sahen die Leute nur eines: Sie ist für ihn nicht mehr als ein Seitensprung.
»Ich kann es nicht ertragen, dass sie das denken.«
»Was die Leute denken, spielt keine Rolle. Komm mit, wir gehen in die Wohnung.«
Er schüttelte den Kopf. Damit hatte sie gerechnet: Spontan war es nie möglich gewesen. Was er da sagte, war wirklich kein Argument; natürlich spielte es keine Rolle. Sie sagte es ihm noch einmal und spürte eine Welle der Erleichterung. Mehr als alles, mehr als je zuvor in der ganzen Zeit, seit sie zusammen waren, wollte sie bei ihm sein, wollte sehen, wie er seine Fahrkarte für die U-Bahn

kaufte, wollte mit ihm am King and Queen, einem schmuddeligen Pub an der Ecke India Street, vorbeigehen, am Wettbüro, dem Waschsalon. Viermal war er bei ihr in der Wohnung gewesen: zweitägige Außentermine in Liverpool oder Norwich. Was er in Dollis Hill erzählte, hatte sie nie gefragt.

»Mich stört nicht im Geringsten, was die Leute denken«, sagte sie. »Wirklich nicht.« Sie lächelte, legte quer über den Tisch ihre Hand auf seinen Arm und drückte ihn mit den Fingern. »Bestimmt nicht.«

Er blickte zur Seite, und sie merkte, wie auch sie die hell erleuchteten Flaschen hinter der Theke anstarrte. »Mich aber, mein Gott«, flüsterte er. »Mich stört es gewaltig.«

»Außerdem ist es nicht wahr.«

»Du bedeutest mir alles. Du bedeutest mir alles auf der Welt.«

»Ruf sie an«, sagte sie, auch ihre Stimme leise, und die Erleichterung, die sie eben noch gespürt hatte, ließ schon wieder nach. »Es kann doch mal plötzlich was dazwischenkommen.« Er hatte immer den Vorschlag gemacht, sich in ihrer Wohnung zu treffen, und zwar schon Wochen vor der Nacht, die ihm vorschwebte.

»Nein, nein«, sagte sie. »Nein, schon gut. Tut mir Leid.«

Sie wusste nicht und hatte nie gefragt, warum er an seiner Ehe festhielt. Wahrscheinlich, dachte sie, waren es die üblichen Gründe. Heute Abend würden sie nicht an dem schmuddeligen Pub vorbeigehen und im Spirituosenladen einen Wein holen. Sie würde ihn nicht als einen anderen in ihrer Wohnung erleben, wo er zu Hause war, und doch nicht ganz. Seltsam war es, dass wegen einer Banalität so vieles enden sollte. Sie fragte sich, wie ihr wohl zumute sein werde, wenn sie nachts aufwachte und nicht sofort wusste, welche Angst sie geweckt hatte, wenn sie ihr aufgeschrecktes Bewusstsein durchforstete und dann die leere Wahrheit und sinnlose Verzweiflung fand.

»Ist doch nur so dahingesagt«, sagte sie.

Er wusste, dass sie ihn trotz aller Einwände verstand, genau wie er sie verstanden hatte, als sie ihre Scheidung in die Wege leitete.

Ihr war es lästig geworden, mit einem anderen verheiratet zu sein, aber ihn hatte es nie gestört. Eine kaputte Ehe und die Sorge, was andere Leute von dem Menschen dachten, den man liebte, hatten herzlich wenig mit Liebe an sich zu tun. Trotzdem hatte es ihnen zugesetzt. Sie würden gemeinsam alt werden, aber nie zusammen sein, ihr Gesicht wäre von Falten verwüstet, der Blick von quälender Erwartung getrübt. Bei ihren seltenen Treffen würden sie auf diese schöne Zeit in ihrem Leben zurückblicken und daraus Trost schöpfen. Sprach auch das aus dem Blick der Obdachlosen, ging auch das den halbinteressierten Fremden durch den Kopf?
»Ich kann es nicht gut erklären«, sagte er, worauf sie erwiderte, dann eben morgen. Er schüttelte den Kopf und sagte: Nein, auch nicht morgen.

Auf diesen Augenblick war sie nicht erst seit heute gefasst, denn natürlich musste man immer damit rechnen. Von Anfang an war sie darauf gefasst gewesen, und von Anfang an hatte sie sich vorgenommen, dass sie nicht versuchen würde, Bruchstücke aus den Trümmern zu retten. Er täuschte sich: Seine Erklärung war gut. Sie hörte zu, als er ihr abermals beteuerte, wie sehr er sie liebe; sie sah ihn nach seiner Aktentasche greifen, die sie so oft ersetzen wollte und es doch nicht konnte. Dann lächelte sie leicht und stand auf, um zu gehen.

Draußen auf dem Gehsteig standen Leute mit Gläsern in der Hand und genossen die letzte Sonne. Die beiden zwängten sich zwischen ihnen hindurch, ihr Mantel über seinem Arm, er hatte ihn von der Stuhllehne genommen, über die sie ihn gehängt hatte. Er hielt ihn ihr auf und wartete, während sie ihn zuknöpfte und den Gürtel locker band.
Als sie sich umarmten, spiegelte sich ihr Bild im Schaufenster eines Kaufhauses wider. Sie sahen nicht die Eleganz, die dieses Bild vorübergehend einfing, und hätten nie behauptet oder geahnt, dass auch ihre Affäre diese Eleganz besessen hatte. Die unausgesprochenen, aber von beiden verstandenen Regeln ihrer Liebe waren

nicht verletzt worden im schmerzhaften Beenden dessen, was nicht zu Ende war und nie zu Ende sein würde. Nichts von ihrer Liebe war heute ausgelöscht worden: Das nahmen sie mit, als sie sich trennten und auseinander gingen, nicht ahnend, dass die Zukunft weniger düster war, als sie augenblicklich schien, dass ihre zarte Behutsamkeit weiter Bestand haben und sie selbst immer so bleiben würden, wie die Liebe sie für eine Zeit gemacht hatte.

Raymond Carver

WOVON WIR REDEN, WENN WIR VON LIEBE REDEN

Mein Freund Mel McGinnis redete. Mel McGinnis ist Kardiologe, und das gibt ihm manchmal das Recht.

Wir saßen zu viert an seinem Küchentisch und tranken Gin. Sonnenlicht kam durch das große Küchenfenster hinter der Spüle und erfüllte die Küche. Da saßen also Mel und ich und seine zweite Frau, Teresa – Terri nannten wir sie –, und Laura, meine Frau. Wir lebten damals in Albuquerque. Aber wir kamen alle von irgendwo anders her.

Ein Eiskübel stand auf dem Tisch. Der Gin und das Tonic Water machten die Runde, und irgendwie kamen wir auf das Thema Liebe zu sprechen. Mel war der Meinung, echte Liebe sei nichts Geringeres als spirituelle Liebe. Er sagte, er habe fünf Jahre in einem Priesterseminar verbracht, ehe er aufgab, um Medizin zu studieren. Er sagte, er blicke auf die Jahre im Seminar noch immer als die wichtigsten seines Lebens zurück.

Terri sagte, der Mann, mit dem sie zusammenlebte, bevor sie mit Mel zusammenlebte, habe sie so sehr geliebt, dass er versucht habe, sie umzubringen. Dann sagte Terri: »Er hat mich eines Abends zusammengeschlagen. Er hat mich an den Fußgelenken durchs Wohnzimmer geschleift. Er sagte immer wieder: ›Ich liebe dich, ich liebe dich, du Dreckstück.‹ Er schleifte mich weiter im Wohnzimmer herum. Mein Kopf schlug dauernd gegen Dinge.« Terri blickte in die Runde am Tisch. »Was machst du mit so einer Liebe?«

Sie war dünn, nur Haut und Knochen, mit einem hübschen Gesicht, dunklen Augen und braunem Haar, das ihr über die Schultern hing. Sie trug gern Halsketten aus Türkis und lange baumelnde Ohrringe.

»Mein Gott, sei nicht albern. Das ist keine Liebe, das weißt du doch«, sagte Mel. »Ich weiß nicht, wie man das nennen soll, aber ich bin mir sicher, man würde es nicht Liebe nennen.«

»Sag, was du willst, aber ich weiß, dass es Liebe war«, sagte Terri. »Für dich mag es verrückt klingen, aber es ist trotzdem wahr. Die Menschen sind verschieden, Mel. Sicher, manchmal hat er sich wie ein Verrückter aufgeführt. Gut, ja. Aber er hat mich geliebt. Auf seine Art vielleicht, aber er hat mich geliebt. In alldem war Liebe, Mel. Das kannst du nicht abstreiten.«

Mel atmete stöhnend aus. Er hielt sein Glas in der Hand und wandte sich an Laura und mich. »Der Mann hat mir gedroht, er würde mich umbringen«, sagte Mel. Er leerte sein Glas und griff nach der Ginflasche. »Terri ist eine Romantikerin. Terri ist eine von der Tritt-mich-dann-weiß-ich-du-liebst-mich-Schule. Terri, Schatz, guck nicht so.« Mel streckte die Hand über den Tisch und strich mit den Fingern über Terris Wange. Er lächelte sie an.

»Jetzt will er's wiedergutmachen«, sagte Terri.

»Wiedergutmachen? Was?« sagte Mel. »Was gibt's da wiedergutzumachen? Ich weiß, was ich weiß. Das ist alles.«

»Wie sind wir eigentlich auf das Thema gekommen?« sagte Terri. Sie hob ihr Glas und trank einen Schluck. »Mel denkt immer an Liebe«, sagte sie. »Stimmt doch, Schatz, oder?« Sie lächelte, und ich dachte, damit sei das Thema beendet.

»Ich würde Eds Verhalten nur nicht Liebe nennen. Das ist alles, was ich sagen will, Schatz«, sagte Mel. »Was meint ihr zwei?« sagte Mel zu Laura und mir. »Klingt das für euch nach Liebe?«

»Da darfst du mich nicht fragen«, sagte ich. »Ich hab den Mann nicht mal gekannt. Ich habe nur mal gehört, wie irgendwo sein Name fiel. Ich kann dazu nichts sagen. Man müsste nähere Einzelheiten wissen. Aber ich glaube, was du sagen willst, ist, dass Liebe etwas Absolutes ist.«

Mel sagte: »Die Art Liebe, von der ich spreche, ist das. Die Art Liebe, von der ich spreche – da versuchst du nicht, Menschen umzubringen.« Laura sagte: »Ich weiß überhaupt nichts über Ed oder auch nur über die Situation. Aber wer kann über die Situation, in der jemand anders ist, urteilen?«

Ich streichelte Lauras Handrücken. Sie lächelte mir zu. Ich nahm Lauras Hand. Sie war warm, die Nägel waren lackiert und perfekt manikürt. Ich umschloss das breite Handgelenk mit meinen Fingern, und ich hielt sie.

»Als ich wegging, hat er Rattengift getrunken«, sagte Terri. Sie umfasste ihre Arme mit den Händen. »Sie haben ihn nach Santa Fe ins Krankenhaus gebracht. Da haben wir damals gelebt, ungefähr zehn Meilen außerhalb. Sie haben ihm das Leben gerettet. Aber sein Zahnfleisch ist völlig kaputt gegangen. Ich mein, es hat sich von den Zähnen hochgezogen. Danach haben seine Zähne vorgestanden wie Fangzähne. Mein Gott«, sagte Terri. Sie wartete einen Moment, dann ließ sie ihre Arme los und nahm ihr Glas.
»Was Menschen alles machen!« sagte Laura.
»Er ist inzwischen außer Gefecht«, sagte Mel. »Er ist tot.«
Mel gab mir die Untertasse mit den Limonen. Ich nahm mir ein Stück, drückte es über meinem Glas aus und rührte die Eiswürfel mit dem Zeigefinger um.
»Es kommt noch schlimmer«, sagte Terri. »Er hat sich in den Mund geschossen. Aber auch das hat er verpfuscht. Armer Ed«, sagte sie. Terri schüttelte den Kopf.
»Nichts armer Ed«, sagte Mel. »Er war gefährlich.«
Mel war fünfundvierzig Jahre alt. Er war hoch gewachsen und straff, mit lockigem weichem Haar. Sein Gesicht und seine Arme waren vom Tennisspielen gebräunt. Wenn er nüchtern war, waren seine Gesten, all seine Bewegungen präzise, sehr bedachtsam.
»Trotzdem, Mel, er hat mich geliebt. Gesteh mir das zu«, sagte Terri. »Das ist alles, was ich will. Er hat mich nicht auf die Art geliebt, wie du mich liebst. Das sage ich ja gar nicht. Aber er hat mich geliebt. Das kannst du mir doch zugestehen, ja?«
»Was meinst du mit verpfuscht?« sagte ich.
Laura beugte sich mit ihrem Glas vor. Sie stützte die Ellbogen auf den Tisch und hielt das Glas mit beiden Händen. Sie blickte von Mel zu Terri und wartete, mit einem bestürzten Ausdruck in ihrem offenen Gesicht, als erstaunte es sie, dass solche Dinge Men-

schen passierten, mit denen man freundschaftlich zusammenkam.

»Wieso hat er es verpfuscht, als er sich umgebracht hat?« fragte ich.

»Ich will dir sagen, was passiert ist«, sagte Mel. »Er nahm seine Pistole, eine Zweiundzwanziger, die er sich gekauft hatte, um Terri und mir zu drohen. Oh, ganz im Ernst, der Mann hat ständig gedroht. Du hättest mal sehen sollen, wie wir damals gelebt haben. Wie Leute auf der Flucht. Ich habe mir sogar selbst eine Kanone gekauft. Kannst du dir das vorstellen? Ein Mann wie ich? Aber ich hab's getan. Ich habe mir eine zur Selbstverteidigung gekauft und sie immer im Handschuhfach gehabt. Manchmal musste ich mitten in der Nacht aus dem Haus. Zum Krankenhaus, verstehst du? Terri und ich waren damals nicht verheiratet, und meine erste Frau hatte das Haus und die Kinder, den Hund, alles, und Terri und ich haben in der Wohnung hier gelebt. Manchmal, wie gesagt, kriegte ich mitten in der Nacht einen Anruf und musste zum Krankenhaus, um zwei oder drei Uhr früh. Draußen auf dem Parkplatz war es dann stockdunkel, und mir brach der Schweiß aus, ehe ich auch nur das Auto erreichte. Ich wusste nie, ob er gleich aus dem Gestrüpp oder hinter einem Auto hervorkommen und anfangen würde zu schießen. Ich meine, der Mann war verrückt. Er war imstande, eine Bombe zu basteln, alles. Zu jeder Tages- und Nachtzeit rief er auf meiner Station an und sagte, er müsse dringend mit dem Doktor sprechen, und wenn ich zurückrief, sagte er: ›Arschloch, deine Tage sind gezählt.‹ Kleine Sachen in der Art. Es war unheimlich, kann ich dir sagen.«

»Trotzdem, er tut mir Leid«, sagte Terri.

»Das alles klingt wie ein Albtraum«, sagte Laura. »Aber was ist nun eigentlich passiert, als er auf sich geschossen hat?«

Laura ist Rechtsanwaltsgehilfin. Wir haben uns in einer beruflichen Angelegenheit kennen gelernt. Und ehe wir's uns versahen, war Liebe daraus geworden. Sie ist fünfunddreißig, drei Jahre jünger als ich. Wir sind nicht nur verliebt, wir mögen uns auch und sind einfach gerne zusammen. Sie ist so unkompliziert.

»Was ist passiert?« fragte Laura.
Mel sagte: »Er hat sich in seinem Zimmer in den Mund geschossen. Jemand hörte den Schuss und hat dem Geschäftsführer Bescheid gesagt. Sie kamen mit einem Hauptschlüssel ins Zimmer, sahen, was geschehen war, und riefen eine Ambulanz. Ich war zufällig da, als sie ihn reinbrachten, er lebte noch, war aber nicht mehr zu retten. Der Mann lebte noch drei Tage. Sein Kopf schwoll an und war schließlich doppelt so groß wie ein normaler Kopf. Ich hatte so etwas noch nie gesehen, und ich hoffe, ich seh es nie wieder. Terri wollte hin und an seinem Bett sitzen, als sie von der Sache erfuhr. Wir hatten einen Streit deswegen. Ich fand, sie sollte ihn lieber nicht in dem Zustand sehen. Ich war der Meinung, sie sollte ihn nicht sehen, und ich bin immer noch der Meinung.«
»Und wer hat sich durchgesetzt?« fragte Laura.
»Ich war bei ihm im Zimmer, als er gestorben ist«, sagte Terri. »Er ist gar nicht wieder zu sich gekommen. Aber ich hab bei ihm gesessen. Er hatte sonst niemanden.«
»Er war gefährlich«, sagte Mel. »Wenn du das Liebe nennst, dann kannst du sie dir an den Hut stecken.«
»Es war Liebe«, sagte Terri. »Sicher, in den Augen der meisten Leute ist das nicht normal. Aber er war bereit, dafür zu sterben. Er ist dafür gestorben.«
»Ich würde es nie und nimmer Liebe nennen«, sagte Mel. »Ich meine, keiner weiß, weshalb er es gemacht hat. Ich habe eine Menge Selbstmordfälle gesehen, und ich könnte nicht sagen, dass jemals einer wirklich wusste, weshalb er es getan hat.«
Mel legte die Hände in den Nacken und kippelte mit seinem Stuhl nach hinten. »Nein, an dieser Art Liebe bin ich nicht interessiert«, sagte er. »Wenn das Liebe ist, dann kannst du sie dir an den Hut stecken.«
Terri sagte: »Wir hatten Angst. Mel setzte sogar ein Testament auf und schrieb an seinen Bruder in Kalifornien, der mal Einzelkämpfer bei den Green Berets war. Mel hat ihm geschrieben, nach wem man suchen musste, falls ihm was passierte.«
Terri trank aus ihrem Glas. Sie sagte: »Aber Mel hat Recht, wir

haben gelebt wie Leute auf der Flucht. Wir hatten Angst. Mel hatte Angst, stimmt's, Schatz? Einmal war ich so weit, dass ich sogar die Polizei angerufen habe, aber sie waren keine Hilfe. Sie haben gesagt, sie könnten nichts tun, solange Ed nicht wirklich etwas machte. Ist das nicht zum Lachen?« sagte Terri.
Sie goss sich den Rest Gin ins Glas und schwenkte die Flasche. Mel stand auf und ging ans Regal. Er holte eine neue Flasche herunter.

»Also, Nick und ich, wir wissen, was Liebe ist«, sagte Laura. »Für uns, meine ich«, sagte Laura. Sie stieß mit ihrem Knie gegen mein Knie. »Du solltest jetzt was sagen«, sagte Laura und wandte ihr Lächeln mir zu.
Zur Antwort nahm ich Lauras Hand und hob sie an meine Lippen. Ich küsste ihre Hand und machte eine große Schau daraus. Alle waren amüsiert.
»Wir sind glücklich«, sagte ich.
»Ihr zwei«, sagte Terri, »hört auf damit. Ihr macht mich ganz krank. Ihr seid noch frisch verliebt, um Gottes willen. Ihr seid noch ganz närrisch, das ist ja nicht zum Aushalten. Wartet's nur ab. Wie lange seid ihr jetzt zusammen? Wie lange ist es her? Ein Jahr? Länger als ein Jahr?«
»Jetzt sind es anderthalb Jahre«, sagte Laura. Sie war errötet und lächelte.
»O Mann«, sagte Terri. »Wartet nur ein Weilchen.«
Sie hielt ihren Drink in der Hand und sah Laura an.
»Ich mache nur Spaß«, sagte Terri.
Mel öffnete die Ginflasche und ging damit um den Tisch.
»Hier, ihr zwei«, sagte er. »Lasst uns anstoßen. Trinken wir auf die Liebe. Auf die wahre Liebe«, sagte Mel.
Wir stießen an.
»Auf die Liebe«, sagten wir.

Draußen im Garten fing einer der Hunde an zu bellen. Die Blätter der Espe, die vorm Fenster stand, schlugen leise gegen die

Scheibe. Die Nachmittagssonne war wie etwas Lebendiges im Raum, ein weites Licht von Wohlbehagen und Großmut. Wir hätten überall sein können, an irgendeinem verzauberten Ort. Wir hoben die Gläser wieder und sahen einander lächelnd an wie Kinder, die beschlossen haben, etwas Verbotenes zu tun.

»Ich will euch sagen, was echte Liebe ist«, sagte Mel. »Ich mein, ich erzähle euch ein gutes Beispiel. Und dann könnt ihr eure eigenen Schlüsse daraus ziehen.« Er goss noch mehr Gin in sein Glas. Er tat einen Eiswürfel hinein und ein Stück Limone. Wir warteten und tranken von unseren Drinks. Laura und ich stießen wieder mit den Knien zusammen. Ich legte die Hand auf ihren warmen Oberschenkel und ließ sie dort.

»Was weiß denn einer von uns wirklich über die Liebe?« sagte Mel. »Mir kommt es so vor, als wären wir in der Liebe alle Anfänger. Wir sagen, wir lieben uns, und wir tun es auch, daran zweifle ich gar nicht. Ich liebe Terri, und Terri liebt mich, und ihr zwei liebt euch auch. Ihr kennt die Art Liebe, von der ich jetzt spreche. Körperliche Liebe, der Impuls, der dich zu einem bestimmten Menschen hinzieht, wie auch Liebe zur Person des anderen, zu seinem oder zu ihrem Wesen, sozusagen. Fleischliche Liebe und, na, nennen wir es sentimentale Liebe, die tägliche Fürsorge für den anderen. Aber manchmal fällt es mir sehr schwer, die Tatsache zu erklären, dass ich meine erste Frau auch geliebt haben muss. Aber es war so, ich weiß, dass ich sie geliebt hab. Deshalb nehme ich an, ich bin in dieser Beziehung wie Terri. Terri und Ed.« Er dachte darüber nach, und dann fuhr er fort. »Es gab eine Zeit, da habe ich geglaubt, ich liebte meine erste Frau mehr als das Leben. Aber jetzt kann ich sie nicht mehr ertragen. Ehrlich. Wie soll man sich das erklären? Was ist aus der Liebe geworden? Was ist daraus geworden – das würde ich gern wissen. Ich wollte, jemand könnte mir das erklären. Dann ist da Ed. Gut, kommen wir nochmal auf Ed zurück. Er liebt Terri so sehr, dass er sie umzubringen versucht, und am Ende bringt er sich selbst um.« Mel hörte auf zu reden und trank einen Schluck. »Ihr zwei seid jetzt achtzehn Monate zusammen, und ihr liebt euch. Man sieht es euch an. Ihr strahlt es förmlich aus. Aber ihr habt beide andere Menschen geliebt, bevor ihr euch begegnet seid. Ihr seid beide schon verheiratet gewesen, genau wie wir. Und davor habt ihr wahrscheinlich auch schon andere Menschen geliebt. Terri und ich sind jetzt fünf Jahre zusammen, vier davon verheiratet. Und das Schreckliche, das Schreckliche ist, aber auch das Gute, das, was uns rettet, könnte man sagen, ist, dass, wenn morgen einem von uns etwas zustieße – nehmt es mir nicht übel, wenn ich das sage –, aber wenn morgen einem von uns etwas zustieße, ich glaube, der andere, die andere Person würde eine Zeit lang trauern, versteht ihr, aber dann würde derjenige, der noch lebt, sich in der Welt umsehen und wieder lieben und sehr bald einen anderen Menschen haben. Und all das, die ganze Liebe, von der wir hier reden, würde nur noch Erinnerung sein. Vielleicht nicht mal Erinnerung. Hab ich Unrecht? Lieg ich ganz falsch? Ich möchte nämlich, dass ihr mich berichtigt, wenn ihr glaubt, ich hätte Unrecht. Ich möchte es wissen. Ich meine, ich weiß nichts, und ich bin der Erste, der es zugibt.«

»Mel, um Gottes willen«, sagte Terri. Sie streckte die Hand aus und fasste ihn am Handgelenk. »Hast du zu viel getrunken? Schätzchen? Bist du betrunken?«

»Schätzchen, ich red nur«, sagte Mel. »In Ordnung? Ich muss nicht betrunken sein, um zu sagen, was ich denke. Ich meine, wir reden doch alle nur, stimmt's?« sagte Mel. Er sah sie starr an.

»Süßer, ich kritisier dich gar nicht«, sagte Terri.

Sie nahm ihr Glas.

»Ich hab heute keinen Bereitschaftsdienst«, sagte Mel. »Ich möchte euch nur daran erinnern. Ich hab keinen Bereitschaftsdienst«, sagte er.

»Mel, wir lieben dich«, sagte Laura.

Mel sah Laura an. Er sah sie an, als könnte er sie nicht unterbringen, als wäre sie nicht die Frau, die sie war.

»Ich liebe dich auch, Laura«, sagte Mel. »Und dich, Nick, liebe

ich auch. Wisst ihr was?« sagte Mel. »Ihr zwei seid unsere Freunde«, sagte Mel.
Er nahm sein Glas.

Mel sagte: »Ich wollte euch was erzählen. Ich mein, ich wollte etwas Bestimmtes beweisen. Also, es ist vor ein paar Monaten passiert, aber es geht immer noch weiter, und im Gedanken daran sollten wir uns schämen, wenn wir so reden, als wüssten wir, wovon wir reden, wenn wir von Liebe reden.«
»Jetzt komm aber«, sagte Terri. »Red nicht so, als wärst du betrunken, wenn du nicht betrunken bist.«
»Halt nur einmal im Leben den Mund«, sagte Mel mit sehr ruhiger Stimme. »Tust du mir den Gefallen und hältst eine Minute lang den Mund? Also, was ich sagen wollte, da war dieses alte Ehepaar, und das Auto der beiden war ein Schrotthaufen irgendwo auf der Interstate. Ein junger Kerl war ihnen frontal reingefahren, und sie waren total zerfetzt, und keiner gab ihnen große Chancen durchzukommen.«
Terri sah uns an und dann wieder Mel. Sie wirkte besorgt, aber vielleicht ist das ein zu starkes Wort.
Mel reichte die Flasche herum. »Ich hatte an dem Abend Bereitschaftsdienst«, sagte er. »Es war Mai, vielleicht auch Juni. Terri und ich hatten uns gerade hingesetzt zum Abendessen, als das Krankenhaus anrief. Da war dieser Unfall draußen auf der Interstate gewesen. Ein betrunkener Junge, ein Teenager, war mit dem Pickup seines Vaters in den Campingwagen der beiden Alten gepflügt. Sie waren hoch in den Siebzigern, die beiden. Der Junge – achtzehn, neunzehn oder so – war tot, als wir kamen. Die Steuersäule hatte sich ihm durchs Sternum gebohrt. Aber die beiden Alten, die lebten noch, versteht ihr. Ich meine, gerade eben noch. Aber sie hatten alles, was man haben kann: Multiple Frakturen, innere Verletzungen, Blutungen, Schwellungen, Abschürfungen, die ganze Palette, und sie hatten Gehirnerschütterung, alle beide. Sie waren in einem üblen Zustand, glaubt mir. Und natürlich hatten sie ihr Alter gegen sich. Ich würde sagen, sie war noch schlim-

mer dran als er. Eine Milzruptur zu allem anderen. Beide Kniescheiben gebrochen. Aber sie hatten beide ihre Sicherheitsgurte an, und weiß Gott, das hatte sie gerettet, für den Moment.«

»Leute, dies ist eine Werbung im Auftrag des National Safety Council«, sagte Terri. »Und das ist Ihr Sprecher, Dr. Melvin R. McGinnis, der zu Ihnen spricht.« Terri lachte. »Mel«, sagte sie, »manchmal treibst du's einfach zu weit. Aber ich liebe dich, Schatz«, sagte sie.

»Schätzchen, ich liebe dich«, sagte Mel.

Er beugte sich über den Tisch. Terri neigte sich ihm entgegen. Sie küssten sich.

»Terri hat Recht«, sagte Mel, als er sich wieder gesetzt hatte. »Schnallt euch bloß an. Aber im Ernst, sie waren in einem schlimmen Zustand, die beiden Alterchen. Als ich hinkam, war der Junge, wie gesagt, schon tot. Er lag in einer Ecke, auf einer Bahre. Ich sah mir die beiden Alten an und sagte der Schwester von der Notaufnahme, sie solle einen Neurologen und einen Orthopäden ranschaffen, und zwei Chirurgen, und zwar auf der Stelle.«

Er trank aus seinem Glas. »Ich will versuchen, mich kurz zu fassen«, sagte er. »Wir haben die beiden also raufgebracht in den OP und fast die ganze Nacht über wie verrückt an ihnen gearbeitet. Sie hatten unglaubliche Reserven, die zwei. Man erlebt das hin und wieder. Also haben wir alles getan, was getan werden konnte, und gegen Morgen gaben wir ihnen eine Chance von fünfzig zu fünfzig, der Frau vielleicht ein bisschen weniger. Da sind sie nun also und leben immer noch am nächsten Morgen. Gut, also haben wir sie auf die Intensivstation gelegt, wo sie beide sich zwei Wochen lang abgerackert haben und ihr Zustand sich in allem immer mehr gebessert hat. Also verlegen wir sie in ein eigenes Zimmer.« Mel hörte auf zu erzählen. »Hier«, sagte er, »lasst uns diesen billigen Gin austrinken, verdammt nochmal. Und dann fahren wir zum Abendessen, einverstanden? Terri und ich kennen ein neues Restaurant. Da gehen wir hin, zu dem neuen Restaurant, das wir kennen. Aber wir fahren erst, wenn wir diesen lausigen Gin ausgetrunken haben.«

Terri sagte: »Wir haben da noch nicht gegessen. Aber es sieht gut aus. Von außen jedenfalls, wisst ihr?«

»Ich mag gutes Essen«, sagte Mel. »Glaubt mir, wenn ich nochmal ganz von vorn anfangen müsste, würde ich Koch werden. Stimmt's, Terri?« sagte Mel.

Er lachte. Er fingerte an dem Eis in seinem Glas herum.

»Terri weiß es«, sagte er. »Terri kann es euch bestätigen. Aber lasst mich eins sagen. Wenn ich wiederkommen könnte, in ein anderes Leben, in eine andere Zeit und so, wisst ihr was? Ich würde als Ritter wiederkommen. Man war ziemlich sicher, mit so einer Rüstung am Leib. Es war nicht schlecht, als Ritter zu leben, ehe sie das Schießpulver und die Musketen und Pistolen erfunden haben.«

»Mel würde gern ein Pferd reiten und eine Lanze tragen«, sagte Terri.

»Und überall müsstest du den Schal einer Frau mit dir rumtragen«, sagte Laura.

»Oder gleich eine Frau«, sagte Mel.

»Schäm dich«, sagte Laura.

Terri sagte: »Angenommen, du würdest als Leibeigener wiedergeboren. Die Leibeigenen hatten es nicht so gut damals«, sagte Terri.

»Die Leibeigenen hatten es nie gut«, sagte Mel. »Aber ich nehme an, selbst die Ritter standen als Vandalen im Dienst von jemand anders. So war das doch, oder? Aber letzten Endes ist jeder ein Vandale und steht im Dienst von jemand anders. Hab ich nicht Recht? Terri? Aber was mir an den Rittern gefallen hat, außer ihren Damen, war, dass sie diese Rüstung hatten, ihr wisst schon, und nicht so leicht zu verletzen waren. Damals gab's keine Autos, versteht ihr? Keine besoffenen Teenager, die dich über den Haufen gefahren haben.«

»Vasallen«, sagte Terri.

»Was?« sagte Mel.

»Vasallen«, sagte Terri. »Sie wurden Vasallen genannt, nicht Vandalen.«

»Vasallen, Vandalen«, sagte Mel, »ist doch scheißegal. Ihr habt doch gewusst, was ich gemeint hab. Na gut«, sagte Mel. »Ich bin eben nicht gebildet. Ich hab mein Zeug gelernt. Ich bin Herzchirurg, das ja, aber ich bin bloß Mechaniker. Ich gehe rein und mach rum und reparier ein paar Sachen. Scheiße«, sagte Mel.
»Bescheidenheit steht dir nicht«, sagte Terri.
»Er ist nur ein armseliger Knochenflicker«, sagte ich. »Aber manchmal sind sie in ihrer Rüstung erstickt, Mel. Sie hatten sogar Herzanfälle, wenn es da drinnen zu heiß wurde und sie zu müde oder zu erschöpft waren. Ich hab irgendwo gelesen, dass sie manchmal vom Pferd gefallen sind und nicht wieder aufstehen konnten, weil sie zu erschöpft waren und sich mit der ganzen Rüstung am Leib nicht mehr aufrecht halten konnten. Ihre eigenen Pferde trampelten manchmal auf ihnen rum.«
»Das ist schrecklich«, sagte Mel. »Das ist eine schreckliche Geschichte, Nicky. Ich vermute, sie haben dagelegen und gewartet, bis einer vorbeikam und Schischkebab aus ihnen gemacht hat.«
»Irgendein Vandale«, sagte Terri.
»Stimmt«, sagte Mel. »Irgendein Vasall kam daher und spießte den Kerl im Namen der Liebe auf. Oder was der Scheiß auch war, um den sie in den damaligen Zeiten gekämpft haben.«
»Das Gleiche, worum wir heute kämpfen«, sagte Terri.
Laura sagte: »Nichts hat sich geändert.«
Das Rot stand noch in Lauras Wangen. Ihre Augen strahlten. Sie hob das Glas an die Lippen.
Mel goss sich noch einen Drink ein. Er betrachtete eingehend das Etikett, als studierte er eine lange Zahlenreihe. Dann stellte er langsam die Flasche auf den Tisch und griff langsam nach dem Tonic Water.

»Was ist mit den beiden Alten?« fragte Laura. »Du hast die Geschichte, die du angefangen hast, nicht zu Ende erzählt.« Laura hatte Schwierigkeiten damit, sich ihre Zigarette anzuzünden. Die Streichhölzer gingen immer aus.
Das Sonnenlicht im Raum war jetzt anders, es veränderte sich,

wurde dünner. Aber die Blätter draußen am Fenster schimmerten immer noch, und ich betrachtete das Muster, das sie an den Fensterscheiben und auf dem Resopal der Arbeitsfläche bildeten. Natürlich waren es nicht die gleichen Muster.

»Was ist mit den beiden Alten?« sagte ich.

»Sie sind älter, aber weiser«, sagte Terri.

Mel starrte sie an.

Terri sagte: »Erzähl deine Geschichte weiter, Schatz. Ich wollte nur einen kleinen Witz machen. Wie ist es danach weitergegangen?«

»Terri, manchmal ...«, sagte Mel.

»Bitte, Mel«, sagte Terri. »Sei nicht immer so ernst, Süßer. Kannst du keinen Spaß verstehen?«

»Wo ist der Spaß?« sagte Mel.

Er hielt sein Glas umfasst und blickte seine Frau unverwandt an.

»Wie ist es weitergegangen?« sagte Laura.

Mel richtete die Augen auf Laura. Er sagte: »Laura, wenn ich nicht Terri hätte und wenn ich sie nicht so sehr liebte, und wenn Nick nicht mein bester Freund wäre, dann würde ich mich in dich verlieben. Ich würde dich im Sturm erobern«, sagte er.

»Erzähl jetzt deine Geschichte«, sagte Terri. »Und dann gehen wir in das neue Restaurant, okay?«

»Okay«, sagte Mel. »Wo war ich?« sagte er. Er starrte auf den Tisch, und dann fing er wieder an.

»Ich bin jeden Tag rein, um nach den beiden zu sehen, manchmal zwei Mal am Tag, wenn ich sowieso andere Krankenbesuche machen musste. Gipsverbände und Bandagen, vom Kopf bis zu den Füßen, und zwar beide. Ihr wisst ja, ihr habt es in Filmen gesehen. Genauso haben sie ausgesehen, genau wie im Film. Kleine Löcher für Augen, Nase, Mund. Und bei ihr waren obendrein die Beine hochgebunden und hingen in einer Schlinge. Ja, und der Mann war die meiste Zeit sehr deprimiert. Selbst nachdem er erfahren hatte, dass seine Frau durchkommen würde, war er noch sehr deprimiert. Allerdings nicht wegen des Unfalls. Ich meine, der Unfall war hart genug, aber das war nicht alles. Ich beugte mich manchmal über das Loch für seinen Mund, versteht ihr, und dann sagte er, es sei nicht unbedingt wegen des Unfalls, sondern weil er sie, seine Frau, durch seine Augenlöcher nicht sehen könne. Er sagte, deshalb fühle er sich so elend. Könnt ihr euch das vorstellen? Ich sage euch, dem Mann brach es das Herz, weil er seinen gottverdammten Kopf nicht drehen und seine gottverdammte Frau nicht *sehen* konnte.«

Mel blickte in die Runde am Tisch und schüttelte den Kopf über das, was er sagen wollte.

»Ich meine, es brachte den alten Sack fast um, dass er die verdammte Frau nicht *angucken* konnte.«

Wir alle sahen Mel an.

»Versteht ihr, was ich sagen will?« sagte er.

Vielleicht waren wir inzwischen ein bisschen betrunken. Ich weiß noch, es war schwer, sich auf bestimmte Dinge zu konzentrieren. Das Licht sickerte nach und nach aus dem Raum, floss durchs Fenster zurück, woher es gekommen war. Und doch machte keiner Anstalten, vom Tisch aufzustehen und die Deckenlampe anzumachen.

»Hört zu«, sagte Mel. »Lasst uns diesen beschissenen Gin austrinken. Es ist noch genug da, ein Schuss für jeden in der Runde. Und dann gehen wir essen. Dann fahren wir zu dem neuen Restaurant.«

»Er ist deprimiert«, sagte Terri. »Mel, warum nimmst du nicht eine Tablette?«

Mel schüttelte den Kopf. »Ich hab alles genommen, was da ist.«

»Wir alle brauchen hin und wieder eine Tablette«, sagte ich. »Manche Leute brauchen sie schon von Geburt an«, sagte Terri.

Sie rieb mit dem Zeigefinger an einem Fleck auf dem Tisch. Dann hörte sie auf zu reiben.

»Ich glaube, ich möchte meine Kinder anrufen«, sagte Mel. »Ist euch das recht? Ich ruf meine Kinder an«, sagte er.

Terri sagte: »Und wenn Marjorie ans Telefon geht? Haben wir

euch beiden mal von Marjorie erzählt? Schätzchen, du weißt, du möchtest nicht mit Marjorie sprechen. Du würdest dich danach nur noch elender fühlen.«

»Ich will nicht mit Marjorie sprechen«, sagte Mel. »Aber ich möchte mit meinen Kindern sprechen.«

»Es vergeht kein Tag, an dem Mel nicht sagt, er wünschte, sie würde wieder heiraten. Oder aber sterben«, sagte Terri. »Abgesehen von allem anderen«, sagte Terri, »ruiniert sie uns. Mel sagt, dass sie nur, um ihn zu ärgern, nicht wieder heiratet. Sie hat einen Freund, der bei ihr und den Kindern lebt, also unterstützt Mel auch noch den Freund.«

»Sie ist allergisch gegen Bienen«, sagte Mel. »Wenn ich nicht gerade bete, dass sie wieder heiratet, bete ich, dass sie von einem verdammten Bienenschwarm zu Tode gestochen wird.« »Schäm dich«, sagte Laura.

»Bsssssss«, machte Mel und verwandelte seine Finger in Bienen und ließ sie an Terris Hals umherschwirren. Dann ließ er die Hände fallen und die Arme zu beiden Seiten herunterhängen.

»Sie ist bösartig«, sagte Mel. »Manchmal denk ich, ich sollte mich als Imker verkleiden und dort aufkreuzen. Ihr wisst schon, so ein Hut, der wie ein Helm ist, mit dem Visier, das man vorm Gesicht runterzieht, die großen Handschuhe und der wattierte Mantel. Ich klopf an die Tür und lasse einen Bienenschwarm frei. Aber vorher würde ich mich natürlich vergewissern, dass die Kinder nicht zu Hause sind.«

Er schlug die Beine übereinander. Und er brauchte, wie es schien, furchtbar lange dafür. Dann setzte er beide Füße auf den Boden und beugte sich vor, die Ellbogen auf dem Tisch, das Kinn in die Hände gestützt.

»Vielleicht möchte ich die Kinder lieber doch nicht anrufen. Vielleicht ist es keine so tolle Idee. Vielleicht sollten wir einfach nur essen gehen. Was haltet ihr davon?«

»Klingt sehr gut«, sagte ich. »Essen oder nicht essen. Oder weitertrinken. Ich könnte jetzt glatt in den Sonnenuntergang hineinfahren.«

»Was soll das heißen, Schätzchen?« sagte Laura.
»Es heißt genau das, was ich gesagt hab«, sagte ich. »Es heißt, ich könnte einfach immer weiterfahren. Mehr heißt es nicht.«
»Ich könnte gut etwas essen«, sagte Laura. »Ich glaube, ich bin noch nie im Leben so hungrig gewesen. Ist irgendwas zu knabbern da?«
»Ich stell ein bisschen Käse und ein paar Cracker auf den Tisch«, sagte Terri.
Aber Terri saß nur da. Sie stand nicht auf, um etwas zu holen.
Mel stieß sein Glas um. Der Gin lief über den Tisch.
»Gin ist alle«, sagte Mel.
Terri sagte: »Und jetzt?«
Ich hörte mein Herz schlagen. Ich hörte die Herzen der anderen. Ich hörte das Menschengeräusch, das wir machten, während wir dasaßen, ohne dass sich einer von uns rührte, auch nicht, als der Raum dunkel wurde.

Roberto Bolaño

DER SCHNEE

Ich lernte ihn vor etwa fünf Jahren in Barcelona kennen, in einer Bar in der Calle Tallers. Als er erfuhr, daß ich Chilene bin, trat er auf mich zu und begrüßte mich; auch er stammte aus jenen Breiten.

Er war ungefähr so alt wie ich, Anfang dreißig, und trank ziemlich viel, obwohl ich ihn nie betrunken sah. Er hieß Rogelio Estrada, war schlank, dunkelhaarig, nicht sehr groß. Sein Lächeln schien irgendwo zwischen überrascht und durchtrieben angesiedelt, aber mit der Zeit stellte ich fest, daß er viel unschuldiger war, als er vorgab. Eines Abends ging ich mit einer Gruppe katalanischer Freunde in die Bar. Wir sprachen über Bücher. Rogelio kam an unseren Tisch und sagte, der größte Schriftsteller des Jahrhunderts sei zweifellos Michail Bulgakow. Einige von den Katalanen hatten *Der Meister und Margarita* und *Theaterroman* gelesen, Rogelio aber zitierte weitere Werke des großen Autors, mehr als zehn, wenn ich mich recht entsinne, und er zitierte sie auf Russisch. Meine Freunde und ich dachten, er mache Spaß, und wechselten rasch das Thema. Eines Abends lud er mich zu sich nach Hause ein, und keine Ahnung warum, ich willigte ein. Er wohnte in einer nahegelegenen Straße, wenige Meter von einem Kino der untersten Kategorie, das die Kinder des Viertels das Gespensterkino nannten. Die Wohnung war alt und voller Möbel, die ihm nicht gehörten. Wir setzten uns ins Wohnzimmer, Rogelio legte eine Platte auf, eine grauenhafte, maßlose, immer lauter werdende Musik, und goß danach zwei Gläser Wodka ein. Der Raum wurde beherrscht von dem Foto eines Mädchens, das in einem Silberrahmen auf einem Regal stand. Die übrigen Schmuckstücke waren banal: Postkarten aus verschiedenen europäischen Ländern, ein uralter Wimpel von Colo-Colo, einer von der Universität Chile, ein dritter vom *Santiago Morning,* beide ebenfalls uralt und verschlissen. Hübsch, nicht wahr? sagte Rogelio und wies auf das Mädchen im Silberrahmen. Ja, sehr hübsch, entgegnete ich. Ich setzte mich wieder hin, und eine Weile tranken wir schweigend weiter. Als Rogelio schließlich zu reden begann, war die Flasche schon fast leer. Erst muß man die Flasche leeren, sagte er, dann die Seele. Ich zuckte mit den Achseln. Obwohl ich, fügte er hinzu, natürlich nicht an eine Seele glaube. Aber das wichtigste ist die Zeit, hab ich recht? Hast du Zeit, meine Geschichte anzuhören? Hängt von der Geschichte ab, erwiderte ich, aber ich glaube schon. Sie dauert nicht lange, sagte Rogelio. Dann stand er auf, nahm das Foto im Silberrahmen, setzte sich mir gegenüber, das Foto in den linken Arm geschmiegt, ein Glas Wodka in der Rechten, und begann mit seiner Erzählung:

Ich hatte eine glückliche Kindheit, was in meinem späteren Leben ohne Folgen geblieben ist. Die Dinge begannen schiefzulaufen, als ich älter wurde. Ich lebte in Santiago, und meinem Vater zufolge war ich drauf und dran, mich in einen jugendlichen Straftäter zu verwandeln. Mein Vater, falls du es noch nicht weißt (und ich wüßte nicht, warum du es wissen solltest), war José Estrada Martínez alias Guatón Estrada, einer der führenden Köpfe der Kommunistischen Partei Chiles. Meine Familie entstammte der Arbeiterklasse, besaß Klassenbewußtsein, lebte dem Klassenkampf und war von unerschütterlicher Loyalität. Mit dreizehn klaute ich ein Fahrrad. Damit dürfte dir eigentlich alles klar sein. Nach zwei Tagen hatten sie mich erwischt, und ich bekam eine Tracht Prügel, die sich gewaschen hatte. Mit vierzehn begann ich, Marihuana zu rauchen, das Freunde aus unserem Viertel in den Ausläufern der Kordilleren anbauten. Mein Vater bekleidete damals einen hohen Posten in der Regierung Allende, und die Hauptsorge meines armen Alten war, daß die konterrevolutionäre Presse auf die Machenschaften seines Erstgeborenen aufmerksam werden könnte. Mit fünfzehn stahl ich ein Auto. Ich wurde nicht erwischt (inzwischen weiß ich, daß die Bullen nur etwas mehr Zeit gebraucht hätten), denn wenige Tage später erfolgte der Putsch, und meine ganze Familie suchte in der Sowjetischen Botschaft

Asyl. Ich muß dir wohl nicht sagen, wie die Tage waren, die ich in der Botschaft verbrachte. Grauenvoll. Ich schlief im Flur und bemühte mich, der Tochter eines Genossen meines Vaters den Hof zu machen, aber diese Leute taten den ganzen Tag nichts anderes, als die *Internationale* und *No pasarán* zu singen. Kurz, ein tristes Ambiente, wie auf einer Kifferparty.

In den ersten Monaten des Jahres 1974 trafen wir in Moskau ein. Um ehrlich zu sein, ich war glücklich: Eine neue Stadt, die blonden, blauäugigen Russinnen, die Reise im Flugzeug, Europa, eine neue Kultur. Die Wirklichkeit sah anders aus. Moskau ähnelte Santiago, war nur ruhiger, größer und hatte einen mörderischen Winter. Anfangs steckten sie mich in eine Schule, wo teils Spanisch, teils Russisch gesprochen wurde. Nach zwei Jahren ging ich bereits auf eine normale Schule, sprach ganz passabel russisch und langweilte mich wie eine Auster. Ich kam auf die Universität, über Beziehungen, nehme ich an, denn in Wirklichkeit tat ich nichts. Im ersten Jahr schrieb ich mich für Medizin ein, absolvierte ein Semester und gab auf, die Medizin war nichts für mich. Trotzdem habe ich die Zeit in der Fakultät in guter Erinnerung: Ich fand dort meinen ersten Freund, ich meine, den ersten, der kein Exilchilene war wie ich. Er hieß Jimmy Fodeba und kam aus der Zentralafrikanischen Republik, die, wie der Name sagt, mitten in Afrika liegt. Jimmys Vater war Kommunist wie mein Vater und wurde wie dieser verfolgt. Jimmy war ziemlich intelligent, im Grunde aber genau wie ich. Anders gesagt: Er machte gern die Nächte durch, trank gern, rauchte gern ab und zu einen Joint und stand auf Frauen. Bald waren wir unzertrennlich. Der beste Freund, den ich je hatte, abgesehen von den Jungs aus der Gang in Santiago, die drüben geblieben waren und die ich wahrscheinlich nie wiedersehen werde, obwohl, wer weiß? Nun, Jimmy und ich vereinten unsere Kräfte (und unsere Sehnsüchte und auch – warum nicht? – unsere Bedürfnisse) und waren fortan nicht mehr zwei ziemlich einsame und etwas verlorene Asylanten, sondern zwei streunende Wölfe auf Moskaus Straßen, und was der eine sich nicht traute, das traute sich der andere, und so machten wir

uns ganz allmählich (ganz allmählich, weil Jimmy manchmal lernen mußte, er nämlich war ein guter Student) eine ungefähre Vorstellung von der Stadt, in der wir wahrscheinlich lange würden leben müssen. Ich will mich nicht weiter über unsere jugendlichen Abenteuer verbreiten, nur soviel, daß wir nach einem Jahr wußten, wo man ein wenig Gras bekommen konnte, was hier und heute kinderleicht scheint, aber in Moskau, zumal in jener Zeit, eine regelrechte Odyssee bedeutete. Ich hatte es an der Uni damals bereits mit lateinamerikanischer Literatur, mit russischer Literatur, mit Rundfunktechnik, mit Lebensmitteltechnik, kurz, mit allem Möglichen versucht, und ob aus Langeweile oder weil ich im Unterricht nicht aufpaßte oder gar nicht erst zum Unterricht erschien (was wohl am ehesten zutraf), jedenfalls hatte ich überall Schiffbruch erlitten, und eines schönen Tages drohte mir mein Vater, mich in eine Fabrik in Sibirien zu schicken, so war er, mein Alter.
Das war der Grund, warum ich mich in der Schule für Leibeserziehung anmeldete, die einige optimistische Russen Hochschule für Leibeserziehung nannten, und diesmal riß ich mich zusammen, bis ich den Abschluß hatte. Ja, mein Herr, vor Ihnen steht ein waschechter Sportlehrer. Einer von der schlechten Sorte, versteht sich, aber doch ein Sportlehrer. Als ich meinem Vater das Diplom überreichte, kamen dem Alten vor Rührung die Tränen. Ich glaube, das war das Ende meiner Jugend.
Damals gab ich mir den Namen Roger Strada. Ich steckte immer in Schwierigkeiten, meine Freunde waren nicht gerade das, was man gute Gesellschaft nennt, und ich selbst hatte Spaß daran, böse zu sein, so als steckte ich voller Groll und wüßte nicht, wie ich ihn loswerden sollte. Ich arbeitete als Assistent bei einem Trainer, der zu einer moralischen Kategorie gehörte, die unberechenbar und widersprüchlich war (was mir entgegenkam), und der es zu seiner Aufgabe machte, in den Oberschulen nach neuen Talenten zu suchen. Die meiste Zeit verbrachte ich auf Festen, mit dubiosen Geschäften und Schiebereien, die mir mein Gehalt aufbessern halfen. Mein Chef hieß Pultakow. Er war geschieden und

lebte in einer winzigen Wohnung in der Leljuschenkostraße, Höhe Rogatschewplatz. Ich war, wie gesagt, gern böse, und auch Jimmy Fodeba war böse, und alle, die uns kannten, wußten, daß wir böse waren (und Roger nannte ich mich, zumindest am Anfang, glaube ich, weil ich mich im Grunde als eine Art neapolitanischer Gangster sah), aber Pultakow war wirklich böse, und im täglichen Umgang lernte ich von ihm mit der Zeit alle Tricks, alle Gemeinheiten, alle Laster. Mein Vater lebte in einem Moskau der Papiere und Memoranden, dem Moskau der Bürokraten, mit Order, Gegenorder und Losung des Tages, mit Gezänk und internem Ränkespiel, in einem idealen Moskau. Ich lebte in einem Moskau der Drogen und der Prostitution, des Schwarzmarktes und der Vergnügungen, der Drohungen und Verbrechen. In bestimmten Sphären berührten sich hin und wieder die beiden Moskau, vermischten sich sogar, aber in der Regel waren es zwei verschiedene Städte, die einander ignorierten. Pultakow war meine Initiation in die Welt der Sportwetten. Wir wetteten mit fremdem Geld, versteht sich, aber auch mit eigenem. Fußball, Hockey, Basketball, Boxen, sogar Skirennen, ein Sport, dem ich nie etwas abgewinnen konnte, überall hatten wir unsere Finger drin. Und ich lernte Leute kennen. Leute jeglicher Sorte. Meistens sympathische Typen, unbedeutende Ganoven wie ich selbst, manchmal aber lernte ich auch echte Kriminelle kennen, Typen, die zu allem bereit waren oder *irgendwann einmal* zu allem bereit sein würden. Mein Überlebensinstinkt riet mir, mich mit diesen Leuten nicht einzulassen. Kandidaten für den Knast oder die Gosse. Leute, die Pultakow einzuschüchtern vermochten, und die Jimmy und mir Angst einjagten. Außer einem, der in unserem Alter war und dem ich es aus irgendeinem Grund angetan hatte. Dieser Typ hieß Mischa Semjonowitsch Pawlow und war eine Art König der Moskauer Unterwelt. Pultakow und ich versorgten ihn für seine Wetten mit Sportinformationen, und ab und zu lud uns dieser Mischa Pawlow zu sich nach Hause ein, in immer andere Wohnungen, die alle ärmlicher waren als Pultakows und meine und meist in den Arbeitervierteln im nordöstlichen Teil Moskaus lagen, in den alten Stadtbezirken Polubojarow, Viktoria, Alter Markt. Pultakow mochte ihn nicht (aber Pultakow mochte fast niemanden) und versuchte, möglichst wenig mit ihm zu tun zu haben, aber ich war immer heillos naiv, und mit seinem Nimbus eines Wunderkindes der Unterwelt sowie dem Entgegenkommen, das er mir zeigte – er schenkte mir manchmal ein Huhn oder eine Flasche Wodka oder ein Paar Schuhe – hatte er mich schließlich gewonnen, und ich ergab mich ihm mit Leib und Seele, wie man so sagt. So vergingen die Jahre, meine Familie kehrte nach Chile zurück, mit Ausnahme meiner jüngeren Schwester, die einen Russen heiratete, mein Vater starb in Santiago und hatte eine sehr schöne Beerdigung, wie man mir schrieb, Jimmy Fodeba blieb in Moskau und arbeitete nach wie vor in einem Krankenhaus (sein Vater kehrte in die Zentralafrikanische Republik zurück, wo er ermordet wurde), und Pultakow und ich strichen weiterhin wie zwei Ratten durch Turnhallen und Sportzentren. Dann kam die Demokratie (obwohl ich mir nie viel aus Politik gemacht habe) und das Ende der Sowjetunion, es kamen die Freiheit und die Mafias. Moskau verwandelte sich in eine schöne und ausgelassene Stadt, mit jener den Russen eigenen Ausgelassenheit. Aber um das zu verstehen, muß man die slawische Seele kennen, und trotz all der Bücher, die du gelesen hast, scheint das bei dir nicht der Fall zu sein. Plötzlich war alles eine Nummer zu groß für uns. Pultakow, der im Grunde Stalinist war (was ich nie verstehen werde, denn unter Stalin wäre er sicher in Sibirien gelandet), sehnte sich nach den alten Zeiten. Ich paßte mich der neuen Situation an und beschloß zu sparen, nachdem das jetzt möglich war, um von dort wegzugehen und endlich die Welt kennenzulernen, Europa, Afrika, das ich mir trotz meines Alters – ich war schon über dreißig, also das, was man so erwachsen nennt – als das Reich des Abenteuers vorstellte, eine grenzenlose Ferne, ein neues Kindermärchen, in dem ich noch einmal von vorn anfangen, glücklich sein, mich selbst finden konnte, wie wir Jungs im Santiago von 1973 sagten. So kam es, daß ich, ohne es recht zu merken, zum festen Angestellten von Mischa Pawlow wurde, der natürlich reich und

mächtig geworden war. Man nannte ihn damals Billy the Kid. Frag mich nicht, warum. Billy the Kid war schnell mit dem Revolver, Mischa noch nicht einmal, wenn er seine Kreditkarte zog; Billy the Kid war mutig und den Filmen nach zu urteilen, die ich gesehen habe, flink und schlank, Mischa besaß auch Mut, war aber dick wie ein Buddha (sogar nach russischen Maßstäben) und zu keiner sportlichen Leistung imstande. Ich betätigte mich weiterhin als Buchmacher, begann aber bald anderweitige Arbeiten für ihn zu erledigen. Manchmal trug er mir auf, Spieler, die ich kannte, mit einem Bündel Geldscheine zu überreden, die Partie zu verlieren. Einmal gelang es mir, eine halbe Fußballmannschaft zu bestechen, einen nach dem anderen, die Empfänglicheren mit schönen Worten, die Zögerlichen mit verhüllten Drohungen. Andere Male beauftragte er mich, Wettkonkurrenten dazu zu bewegen, sich aus dem Spiel zurückzuziehen oder keine Wellen zu schlagen. Meistens aber bestand meine Arbeit darin, Berichte über Sportler zu liefern, einen nach dem anderen, offenbar ohne jede Bedeutung, die Pawlows Informatiker unermüdlich in den Computer eingab.
Es gab für mich jedoch noch eine andere Aufgabe. Die Geliebten der Moskauer Gangster waren in aller Regel Nachtklubtänzerinnen, Aktricen oder Schauspielschülerinnen, Mädchen, die ihr Geld mit Striptease verdienten. So war es üblich, so war es immer gewesen. Pawlows Interesse aber galt den Athletinnen, den Weitspringerinnen, den Kurz- und Mittelstreckenläuferinnen, den Dreispringerinnen, ab und zu verliebte er sich auch in eine Speerwerferin, seine große Leidenschaft aber waren die Hochspringerinnen. Sie sind wie Gazellen, sagte er, die vollkommenen Frauen, womit er nicht ganz unrecht hatte. Und ich war es, der sie ihm besorgte. Ich besuchte die Trainingslager und traf Verabredungen für ihn. Einige waren erfreut von der Aussicht, ein Wochenende mit Mischa Pawlow zu verbringen, die Armen, die meisten anderen weniger. Aber es gelang mir immer, ihm die Frauen zu besorgen, die er haben wollte, auch wenn ich dafür Geld aus eigener Tasche aufwenden oder zu Drohungen Zuflucht nehmen mußte.

So kam es, daß er mir eines Nachmittags sagte, er wolle Natalja Michailowna Tschujkowa, eine achtzehnjährige Sportlerin aus der Gegend von Wolgograd, die kürzlich nach Moskau gekommen war und Aussicht hatte, in die Olympiamannschaft aufgenommen zu werden. Ich weiß nicht, was mich hellhörig machte, aber vom ersten Moment an fiel mir auf, daß Pawlow von der Tschujkowa anders redete. Als er mir den Befehl gab, sie ihm zu bringen, waren zwei seiner Kumpane bei ihm, die, nachdem der Boß gesprochen hatte, mir zuzwinkerten, als wollten sie sagen: Roger Strada, tu genau, was man dir aufgetragen hat, denn diesmal ist es Billy the Kid ernst.
Zwei Tage später gelang es mir, mit Natalja Tschujkowa zu sprechen. Das war in der überdachten Spartanowka-Arena am Boulevard des Sports, morgens um neun – nicht gerade meine Zeit zum Aufstehen, aber die einzige, zu der sich die Hochspringerin dort treffen ließ. Erst sah ich sie von weitem: Sie stand schon bereit, auf die Latte zuzulaufen, und konzentrierte sich, wobei sie die Fäuste ballte und nach oben schaute, als würde sie beten oder nach einem Engel Ausschau halten. Hinterher trat ich zu ihr und sagte ihr, wer ich sei. Roger Strada? sagte sie, dann bist du also Italiener. Ich wagte nicht, sie gänzlich zu enttäuschen: Ich sagte ihr, ich sei Chilene, und daß in Chile viele Italiener lebten. Sie maß einsachtundsiebzig und wog höchstens 55 Kilo. Sie hatte langes, kastanienbraunes Haar, das sie zu einem schlichten Pferdeschwanz zusammengebunden hatte, in dem aber alle Anmut der Welt lag. Ihre Augen waren fast vollkommen schwarz und sie besaß, ich schwör's dir, die längsten und schönsten Beine, die ich je gesehen habe.
Ich brachte es nicht fertig, ihr den Grund meines Besuchs zu verraten. Ich lud sie zu einer Pepsi-Cola ein, sagte ihr, daß mir ihre Technik gefiele, und ging dann. Ich wußte an diesem Abend nicht, was ich Pawlow sagen, welche Lüge ich ihm auftischen sollte. Schließlich entschied ich mich für das einfachste. Ich sagte, Natalja Tschujkowa sei eine Frau, die Zeit brauche, die von anderem Kaliber sei, als die, die er kenne. Mischa sah mich mit seinem

verwöhnten Kinder- und Mopsgesicht an und sagte, in Ordnung, er gebe mir drei Tage Zeit. Wenn Mischa dir drei Tage gab, mußte die Sache in drei Tagen erledigt sein, nicht einen Tag später. Ich brütete also einige Stunden über der Frage, wie ich mir mein Verhalten erklären sollte, was mich zurückhielt, und beschloß dann, die Angelegenheit so rasch wie möglich hinter mich zu bringen. Am folgenden Morgen traf ich Natalja in aller Herrgottsfrühe wieder. Ich war einer der ersten im Stadion. Eine ganze Weile lang schaute ich den Athleten zu, die kamen und gingen, alle noch im Halbschlaf wie ich, die miteinander plauderten oder diskutierten, obwohl ihre Stimmen nur als ein Flüstern an mein Ohr drangen, gedämpfte Stimmen, die nichts Bestimmtes sagen wollten, oder Rufe auf Russisch, die ich plötzlich nicht mehr verstand, als hätte ich die Sprache verlernt, bis unter den Sportlern Natalja auftauchte und mit ihren Aufwärmübungen begann. Ihr Trainer machte sich Notizen in ein kleines Buch. Zwei andere Hochspringerinnen sprachen mit ihr. Manchmal lachten sie. Dann wieder setzten sie sich, nachdem sie gesprungen waren, auf den Boden und zogen sich blau-rote Trainingsanzüge über, die sie bald wieder auszogen. Ab und zu tranken sie Wasser. Nach einer halben Stunde des Glücks wurde mir klar, daß ich verliebt war. Das passierte mir zum ersten Mal. Vorher hatte ich nur ein paar Nutten geliebt. Das war echt oder unecht gewesen, egal. Jetzt war ich verliebt. Ich sprach mit ihr. Ich erzählte ihr Mischa Pawlows Geschichte, wer er war, was er wollte. Natalja reagierte empört, dann schien es sie zu amüsieren. Trotz meines gegenteiligen Rats willigte sie ein, ihn zu treffen. Ich arrangierte die Verabredung für den spätestmöglichen Termin. In der Zwischenzeit lud ich sie ins Kino, zu einem Film mit Bruce Willis, einem ihrer Lieblingsschauspieler, und zum Essen in ein gutes Restaurant ein. Wir unterhielten uns lange und ausführlich. Ihr Leben, das ihr Kümmernisse und Enttäuschungen nicht erspart hatte, war ein Beispiel an Zielstrebigkeit und Entschlossenheit, das genaue Gegenteil meines eigenen. Ihre Vorlieben waren schlicht, es ging ihr nicht darum, zu Geld zu kommen, sondern glücklich zu sein. Auf sexuellem Ge-

biet, über das ich liebend gern mehr von ihr erfahren hätte, waren ihre Anschauungen recht liberal. Anfangs machte mich das traurig, ich dachte, Pawlow habe Natalja schon in der Tasche, stellte mir vor, wie sie durch die Betten aller seiner Leibwächter wanderte, die Aussicht erschien mir unerträglich. Aber später verstand ich, daß Natalja von einer Sexualität sprach, die ich ganz einfach nicht verstand (und bis heute nicht verstehe), was sie nicht notwendig der ganzen Bande in die Arme trieb. Ich verstand auch, daß ich sie trotz allem beschützen mußte.
Eine Woche später schickte Pawlow mich als Boten in die Sportarena mit einem riesigen Strauß weißer und roter Rosen, der ihn ein Vermögen gekostet haben mußte. Natalja nahm die Blumen entgegen und bat mich, auf sie zu warten. Wir waren den ganzen Tag zusammen, erst in der Innenstadt (wo ich ihr an einem Stand in der Staraja Basmannaja zwei Romane von Bulgakow, ihrem Lieblingsautor, kaufte) und später in dem Zimmerchen, wo sie wohnte. Ich fragte sie, wie es gelaufen sei. Bei ihrer Antwort, ich schwör's dir, stockte mir der Atem. Sie sagte: Die Blumen sagen doch alles. Welch ein Konkretionsvermögen, Junge, welche Kaltblütigkeit, sie war Russin, ich Chilene, ich spürte, wie sich der Abgrund vor mir auftat, und begann auf der Stelle, Rotz und Wasser zu heulen. Oft habe ich an jenen Nachmittag der Tränen gedacht, der mein Leben verändert hat. Erklären kann ich ihn mir nicht, ich weiß nur, daß ich mich wie ein Kind fühlte, und daß ich zum ersten Mal die ganze Kälte Moskaus spürte und mir diese Kälte auch zum ersten Mal unerträglich vorkam. Noch am gleichen Nachmittag schliefen wir miteinander.
Von da an hatte Natalja mich in der Hand, und Mischa Pawlow hatte sie in der Hand. Die Situation an sich schien keine größeren Geheimnisse zu bergen, aber da ich Pawlow kannte, wußte ich, was ich riskierte, indem ich mit Natalja schlief. Außerdem schlug mir die Gewißheit, daß Natalja mit ihm ins Bett ging – und daß ich genau wußte, wann sie es tat, in welchem Moment –, mit der Zeit dermaßen aufs Gemüt, daß ich in Depressionen versank und anfing, mein Leben (und das Leben allgemein) in den

schwärzesten Farben zu sehen. Damals hätte ich gern einen Freund gehabt, mit dem ich reden, dem ich mein Herz ausschütten konnte. Aber mit Pultakow war das undenkbar, und Jimmy hatte immer viel zu tun, auch sahen wir uns nicht mehr so regelmäßig wie früher. Mir blieb nichts übrig, als durchzuhalten und abzuwarten.

So verging ein Jahr.

Das Leben mit Pawlow war merkwürdig; seines zerfiel in wenigstens drei Teile, und ich hatte die Ehre oder das Pech, alle drei zu kennen: das des Geschäftsmannes Pawlow, der immer von Leibwächtern umgeben war und einen betäubenden Geruch nach Geld und Blut verströmte, das des verliebten oder, wie wir in Santiago sagten, liebestollen Pawlow, das vor allem mir die schlimmsten Phantasien bescherte und mich Höllenqualen leiden ließ, sowie sein Leben im kleinen Kreis, Pawlow, der rastlose Geist, der Gefallen daran fand, sich in seinen Mußestunden, seinen »Momenten innerer Ruhe«, wie er sagte, mit literarischen und künstlerischen Dingen zu beschäftigen, denn Pawlow, man glaubt es kaum, las viel, und natürlich sprach er gern über das, was er las. Zu diesem Zweck pflegte er drei Personen einzubestellen, die sozusagen den kosmopolitischen oder kulturellen Flügel seiner Bande bildeten. Diese drei waren der Romancier Fjodor Petrowitsch Semjonow, Paolo Ripellino, ein echter Italiener, der Russisch studierte und Stipendiat der Moskauer Sprachenschule war, und ich, den er immer als seinen Freund Roger Strada präsentierte, obwohl er mich zuweilen wie einen Hund behandelte. Zwei Russen und zwei Italiener, sagte Pawlow mit einem spöttischen Lächeln. Er sagte es, um mich vor Ripellino herabzusetzen, dieser aber begegnete mir immer mit Respekt. Die Zusammenkünfte waren trotz allem amüsant, obwohl wir manchmal mitten in der Nacht angerufen wurden und uns umgehend in einer von Pawlows vielen Moskauer Wohnungen einfinden mußten – zu Uhrzeiten, da der Körper nur noch schlafen will –, um die Ausführungen unseres Chefs über uns ergehen zu lassen. Pawlows Vorlieben waren eklektisch, wie man so schön sagt, richtig? Ich habe, um ehrlich zu sein, nur Bulgakow gelesen, und auch das nur aus Liebe zu Natalja, ansonsten habe ich keine Ahnung, ich bin kein Leser, und das merkt man. Semjonow, hatte ich gehört, schrieb pornographische Romane und Ripellino saß auf einem Drehbuch, das ihm Pawlow finanzieren sollte, etwas mit Karatekas und Mafiosi. Der einzige, der Ahnung von Literatur hatte, war unser Gastgeber. So verbreitete sich Pawlow etwa über Dostojewski, und wir übrigen folgten seiner Spur. Tags darauf ging ich in die Bibliothek und suchte Einzelheiten zu Dostojewski, Kurzfassungen seiner Werke und seiner Biographie, und so hatte ich beim nächsten Treffen etwas vorzuweisen, obwohl Pawlow fast nie auf etwas zurückkam, in einer Woche sprach er über Dostojewski, in der nächsten über Boris Pilnjak, vierzehn Tage später über Tschechow (den er eine Schwuchtel nannte, warum, weiß ich nicht), dann nahm er sich Gogol vor oder auch unseren Semjonow, dessen pornographische Romane er in den Himmel hob. Dieser Semjonow war eine echte Persönlichkeit. Er muß so alt gewesen sein wie ich, vielleicht etwas älter, und war einer von Pawlows Günstlingen. Einmal hörte ich, er habe seine Frau um die Ecke gebracht. Ein Gerücht, das ich weder völlig überzeugend, noch völlig abwegig fand. Semjonow war alles zuzutrauen, außer daß er es sich mit Pawlow verscherzte. Ripellino war anders, ein netter Kerl, der einzige, der offen zugab, keinen der Romanciers zu kennen, über die unser Chef sich auszulassen pflegte, aber Gedichte (russische Gedichte, gut gereimt und leicht zu behalten) hatte er gelesen, die er manchmal auswendig vortrug, meist wenn wir schon alle betrunken waren. Und von wem ist das? fragte Semjonow mit hohler Stimme. Puschkin, von wem sonst, erwiderte Ripellino. Dann nutzte ich die Gelegenheit, mich über Dostojewski zu verbreiten, und Pawlow und Ripellini rezitierten im Duett noch einmal das Puschkin-Gedicht und Semjonow zog ein Büchlein hervor und tat so, als notiere er sich etwas für seinen nächsten Roman. Andere Male sprachen wir über den slawischen und den lateinischen Menschen, klar, daß Ripellino und ich bei dem Thema kein Land sahen. Was Pawlow alles über die slawische Seele wußte, das kannst du dir nicht vorstellen, und wie tief und ernst er dann sein konnte! Meist kamen Semjonow dann die Tränen, und Ripellino und ich gaben uns ohne Umschweife geschlagen. Natürlich waren wir vier nicht immer allein. Manchmal ließ Pawlow ein paar Prostituierte holen. Manchmal trafen wir auf ein oder zwei unbekannte Gesichter, auf den Chefredakteur irgendeiner zweitrangigen Zeitschrift, auf irgendeinen arbeitslosen Schauspieler oder irgendeinen pensionierten Offizier, der Alexej Tolstojs sämtliche Werke von A bis Z kannte. Angenehme oder weniger angenehme Leute, die geschäftlich mit Pawlow zu tun hatten, oder irgendeine Gunst von ihm erwarteten. Manchmal fanden die Abende sogar ein gutes Ende. Andere Male endeten sie entschieden schlecht. Bei einer Gelegenheit zeigte Pawlow seinen Gästen eine Reihe Fotos, die er seine »Frauenauswahl im Hochsprung« nannte. Zuerst wollte ich sie nicht anschauen, aber dann riefen sie nach mir, und ich mußte kommen. Es waren die vier oder fünf Mädchen, die ich ihm besorgt hatte. Natalja Tschujkowa war darunter. Ich fühlte mich schlecht, und ich glaube, Pawlow merkte das; er umarmte mich mit seinen mächtigen Armen und fing an, mir ein besoffenes Lied ins Ohr zu singen, ein Lied über Liebe und Tod, die beiden einzig wahren Dinge des Lebens. Ich erinnere mich, daß ich über Pawlows Einfall lachte oder zu lachen versuchte, wie ich es immer tat, aber das Lachen blieb mir im Hals stecken. Später, als die anderen ihren Rausch ausschliefen oder gegangen waren, saß ich eine Zeitlang am Fenster und schaute mir die Fotos in Ruhe an. Wie das so geht: In diesem Moment fand ich alles in Ordnung, fand alles korrekt (wie mein Vater sagte), und ich atmete tief, ruhig und frei. Außerdem dachte ich, daß die slawische Seele sich nicht so sehr von der lateinischen unterschied, letztlich glichen sie einander, glichen auch der afrikanischen Seele, die vermutlich die Nächte meines Freundes Jimmy Fodeba erleuchtete. Die slawische Seele vertrug vielleicht mehr Alkohol, aber das war alles.

Und so verging die Zeit.

Natalja wurde aus der Olympiamannschaft ausgeschlossen, weil sie nie die geforderte Höhe übersprang. Sie nahm an nationalen

Wettkämpfen teil und landete nicht unter den Besten. Daß sie Rekorde brechen könnte, daran war nicht zu denken. Ihre Karriere schien, obwohl sie das nicht zugeben mochte, beendet, und manchmal sprachen wir voller Angst und Erwartung von der Zukunft. Ihre Beziehung mit Pawlow hatte Höhen und Tiefen; an manchen Tagen schien er sie mehr als alles auf der Welt zu lieben, dann wieder behandelte er sie schlecht. Eines Abends fand ich sie mit einem grün und blau geschlagenen Gesicht. Sie sagte, das sei vom Training, aber ich wußte, daß Pawlow dahintersteckte. Manchmal sprachen wir bis spät nachts über Reisen und fremde Länder. Ich erzählte ihr von Chile, einem von mir erfundenen Chile, das sie vermutlich stark an Rußland erinnerte und nicht reizte, das aber ihre Neugier weckte. Einmal reiste sie mit Pawlow nach Italien und Spanien. Ich wurde nicht zum Abschied eingeladen, gehörte jedoch zu denen, die bei ihrer Rückkehr am Flughafen standen. Natalja war braungebrannt und wunderschön. Ich überreichte ihr einen Strauß weißer Rosen, die zu kaufen mir Pawlow am Vorabend per Telefon von Spanien aus aufgetragen hatte. Danke Roger, sagte sie. Keine Ursache, Natalja Michailowna, sagte ich, statt ihr zu gestehen, daß sich alles einem Ferngespräch mit unserem gemeinsamen Boß verdankte. Dieser sprach gerade mit zwei Killertypen und merkte nichts von der Zärtlichkeit in meinen Augen (Augen, von denen sogar meine selige Mutter sagte, sie ähnelten denen einer Ratte). Tatsächlich wurden Natalja und ich immer unvorsichtiger.

In einer Winternacht rief Pawlow mich zu Hause an. Er schien wütend. Er befahl mir, sofort zu ihm zu kommen. Ich hatte gehört, daß einige seiner Geschäfte alles andere als gut liefen. Ich wandte ein, daß Uhrzeit und Temperatur es nicht ratsam erscheinen ließen, das Haus zu verlassen, aber Mischa ließ nicht locker: Entweder du bist in einer halben Stunde hier, sagte er, oder ich schneide dir morgen die Eier ab. Ich zog mich in Windeseile an und steckte mir, bevor ich ging, ein Messer in die Tasche, das ich mir als Medizinstudent gekauft hatte. Wie du vermutlich weißt, sind Moskaus Straßen um vier Uhr morgens nicht die sichersten.

Der Weg war wie die Fortsetzung des Alptraums, aus dem mich Pawlows Anruf gerissen hatte. In den Straßen lag Schnee, das Thermometer dürfte zehn oder fünfzehn Grad Minus gezeigt haben, und lange sah ich außer mir kein menschliches Wesen. Anfangs ging ich zehn Schritte und lief die nächsten zehn, um warm zu werden. Nach fünfzehn Minuten fand mein Körper sich damit ab, krumm vor Kälte nur mehr einen Fuß vor den anderen zu setzen. Zweimal sah ich Polizeiwagen vorbeikommen und duckte mich. Auch zwei Taxis, die beide nicht anhalten wollten, fuhren an mir vorbei. Ich begegnete nur Betrunkenen, die mich nicht beachteten, und Schatten, die sich bei meinem Näherkommen in die riesigen Torbögen des Medwediza Bulwar zurückzogen. Die Wohnung, zu der Pawlow mich bestellt hatte, befand sich in der Nemezkaja-Straße; zu Fuß brauchte ich normalerweise dreißig bis fünfunddreißig Minuten dorthin; in jener teuflischen Nacht war ich fast eine Stunde unterwegs, und als ich ankam, waren mir vier Zehen am linken Fuß erfroren.
Als ich ankam, stand Pawlow am Kamin, las und trank Kognak. Bevor ich irgend etwas sagen konnte, stieß er mir die Faust ins Gesicht. Ich spürte den Schlag kaum, ließ mich aber dennoch fallen. Mach mir nicht den Teppich schmutzig, hörte ich ihn sagen. Dann trat er mir ungefähr fünfmal in die Rippen, aber da er Hausschuhe trug, tat auch das nicht sehr weh. Dann setzte er sich, griff nach seinem Buch und seinem Glas und schien sich zu beruhigen. Ich stand auf und ging ins Bad, um mir das Blut abzuwaschen, das mir aus der Nase lief, und kehrte dann ins Wohnzimmer zurück. Was liest du? fragte ich. Bulgakow, sagte Pawlow. Den kennst du, nicht wahr? Ah, Bulgakow, sagte ich, während sich mir der Magen zusammenkrampfte. Wenn er irgend etwas über Natalja sagt, dachte ich, bring ich ihn um, schob die Hand in die Manteltasche und tastete nach meinem Messerchen. Ich mag ehrliche Menschen, sagte Pawlow, loyale Menschen, die kein doppeltes Spiel treiben, wenn ich jemandem vertraue, will ich ihm bis zum Letzten vertrauen. Ich habe einen erfrorenen Fuß, sagte ich, ich müßte im Krankenhaus vorbeischauen. Pawlow hörte mir nicht

zu, ich beschloß also, mir mein Gejammer zu sparen, es war im übrigen nicht so schlimm, ich konnte sogar die Zehen bewegen. Eine Weile lang sagte keiner etwas: Pawlow schaute auf das Buch von Bulgakow (*Die verhängnisvollen Eier,* glaube ich) und ich schaute in die Flammen des Kamins. Natalja hat mir erzählt, daß du dich mit ihr triffst, sagte Pawlow. Ich schwieg, nickte aber. Schläfst du mit dieser Hure? Nein, log ich. Wieder Schweigen. Plötzlich überfiel mich der Gedanke, Pawlow habe Natalja umgebracht und wolle in dieser Nacht mich umbringen. Ich dachte nicht an die Folgen meines Tuns. Ich machte einen Satz und schnitt ihm die Kehle durch. Die folgende halbe Stunde brachte ich damit zu, meine Spuren zu verwischen. Dann kehrte ich nach Hause zurück und betrank mich.
Eine Woche später wurde ich von der Polizei verhaftet und auf das Kommissariat von Ilininkow gebracht, wo man mich eine Stunde lang verhörte. Reine Routinesache. Der neue Boß hieß Igor Borissowitsch Protopopow alias Sardinchen. Er interessierte sich nicht für Sportlerinnen, aber er behielt mich in meiner Funktion als Wettfunktionär und Buchmacher. Ich diente ihm ein halbes Jahr, dann verließ ich Rußland. Und Natalja? wirst du dich fragen. Natalja sah ich am Tag nach Pawlows Ermordung, frühmorgens, in dem Sportzentrum, wo sie trainierte. Meine Miene gefiel ihr nicht. Sie sagte, ich sähe aus wie eine Leiche. Im Klang ihrer Stimme bemerkte ich eine Spur Verachtung, aber auch Vertrautheit und sogar Zärtlichkeit. Ich lachte und sagte, ich hätte letzte Nacht zuviel getrunken, sonst nichts. Anschließend fuhr ich in das Krankenhaus, in dem Jimmy arbeitete, um meine erfrorenen Zehen begutachten zu lassen. Die Sache war nicht weiter schlimm, doch indem wir einige Leute schmierten, gelang es uns, mich für drei Tage einzuweisen; dann änderte Jimmy die Aufnahmepapiere, und heraus kam, daß ich, als man Pawlow umbrachte, gut verpackt und stillvergnügt im Bette lag.
Sechs Monate später, wie gesagt, verließ ich Rußland. Natalja kam mit. Zuerst lebten wir in Paris und sprachen sogar davon zu heiraten. In meinem ganzen Leben war ich nicht so glücklich. So

glücklich, daß ich mich schäme, wenn ich daran zurückdenke. Dann lebten wir eine Zeitlang in Frankfurt und in Stuttgart, wo Natalja Freunde hatte und Aussichten auf einen guten Job. Die Freunde erwiesen sich als doch nicht so gut, und Arbeit fand sie keine, obwohl die arme Natalja sich sogar als Köchin in einem russischen Restaurant versuchte. Aber sie taugte nicht für die Küche. Über Pawlows Tod sprachen wir selten. Entgegen der Meinung der Polizei war sie der Ansicht, daß seine eigenen Männer – Sardinchen, um genau zu sein – ihn umgebracht hatten, obwohl ich ihr sagte, daß bestimmt eine rivalisierende Bande dahinterstecke. Wie das so geht, erinnerte sie sich an Pawlow als an einen Gentleman, und stets rühmte sie seine Großzügigkeit. Ich ließ sie reden und lachte innerlich. Einmal fragte ich sie, ob sie mit General Tschujkow verwandt sei, dem Mann, der Stalingrad, das heutige Wolgograd, verteidigt hat. Was du für Ideen hast, Roger, sagte sie, natürlich nicht. Als wir ein Jahr zusammenwaren, verließ sie mich wegen eines Deutschen, eines gewissen Kurt, Nachname weiß ich nicht. Sie sagte, sie habe sich verliebt, dann weinte sie aus Kummer über mich oder aus Freude für sich, keine Ahnung. Hau bloß ab, mieses Weibsstück, sagte ich auf Spanisch. Sie fing an zu lachen, wie immer, wenn ich meine Muttersprache benutzte. Auch ich fing an zu lachen. Wir tranken eine Flasche Wodka zusammen und trennten uns. Als ich feststellte, daß ich in dieser deutschen Stadt nichts mehr verloren hatte, ging ich nach Barcelona. Hier arbeite ich als Lehrer an einem privaten Gymnasium. Es läuft nicht schlecht für mich, ich schlafe mit Prostituierten und bin Stammkunde in zwei Bars, wo ich meine Tafelrunde habe, wie man hier sagt. Aber nachts, vor allem nachts vermisse ich Rußland und vermisse Moskau. Hier geht es einem nicht schlecht, aber es ist nicht dasselbe, obwohl: Wenn ich es dir genauer erklären sollte, könnte ich nicht sagen, was ich vermisse. Die Lebensfreude? Keine Ahnung. Irgendwann werde ich in ein Flugzeug steigen und nach Chile zurückkehren.

»JETZT WAR ES MIR GEFAHRLOS MÖGLICH,
FURCHTBAR GLÜCKLICH ZU SEIN.«

A. L. Kennedy
GERECHT WERDEN

Für Jack Vettriano

Kurz nachdem ich ihr begegnet war, gab ich alle meine Sachen weg. Als ich von unserem ersten wirklichen gemeinsamen Abend zurückkehrte, an dem außer uns beiden niemand dabei war, wußte ich, daß ich so, wie ich war, einfach nicht gut genug war.

An jenem Abend zog ich mich im Dunkeln aus und kroch wie üblich langsam und gemütlich ins Bett; aber es gelang mir nicht, mich zu entspannen. Wir waren bisher in keiner Weise intim geworden – wir hatten uns noch kaum berührt –, aber meine Haut und meine Laken, meine Kissen und mein Hirn dufteten nach ihr. Die Matratze unter mir dröhnte im Rhythmus ihrer Schritte, und ich konnte nicht schlafen. Irgendwann also zwischen dem Zubettgehen und dem Morgen wurde mir klar, daß ich meine alten Kleidungsstücke nie wieder würde tragen können. Alles um mich herum veränderte sich und erwartete von mir dasselbe.

Als ich aufwachte, akzeptierte ich meine Entscheidung, wenn auch nur schrittweise. Ich erlaubte mir einen notwendigen kleinen Rückzieher. Ich zog einen vertrauten Pullover an, und eine Cordhose, die ich gern hatte, und dann stopfte ich meine weiche, langweilige Vergangenheit mit beiden Händen in zwei Plastiksäcke – andere Pullover, andere Cordhosen, müde Hemden, traurige Krawatten, fünf Paar blaue Socken, sieben Paar graue. Die Bestandsaufnahme war ernüchternd. Aus irgendeinem Grund hatte ich gedacht, da müsse noch mehr sein, eine unerwartete Weste, ein vergessener Overall, aber am Ende war der Gesamtbestand bloß vorhersehbar und ein bißchen traurig.

Auf dem Rückweg vom Second-Hand-Laden, der einem wohltätigen Zweck diente und wo ich meine Plastiksäcke abgegeben

hatte, kaufte ich mir eine Jeans und ein Sweatshirt, eine Packung bunter Unterhosen und kurze rote Socken.
Wieder zu Hause, zog ich den letzten Rest meines alten Ichs aus, legte ihn zusammengefaltet in eine Tragetasche, zog mein neues Ich an und ging zu einem anderen Second-Hand-Laden. Mir fiel auf, daß es viel mehr solcher Wohltätigkeitsläden gab, als ich je Kleider besitzen würde.
Einen Monat lang waren im Schaufenster des einen Ladens verschiedene Teile meiner Garderobe ausgestellt. Ich gewöhnte mich daran, an einer Schneiderpuppe vorüberzugehen, die unverkennbar farblich abgestimmte Kleidungsstücke aus meinem Schrank trug. Oft wollte ich gar nicht hinsehen, aber mein Blick wurde davon angezogen, als hätte er überraschend einen Spiegel entdeckt, und dann sah ich meinen kopflosen, etwas pummeligen Wiedergänger, der gnadenlos vorführte, wie ich einmal ausgesehen hatte. Ich versuchte, mein Spiegelbild über das abgetragene Ensemble zu legen, das da zwischen den Plattenkisten und der unverkäuflichen Kommode ausgestellt war, und war sehr froh, wenn meine Gegenwart nicht deckungsgleich mit meiner Vergangenheit zu machen war. Dennoch begann ich das Schaufenster zu hassen und ärgerte mich darüber, daß es sich so langsam veränderte, daß niemand meine Sachen kaufen wollte.
Ich entdeckte und erkannte nach und nach, welche alltäglichen Gewohnheiten mir eigentlich verhaßt waren, das hinterhältige Unwohlsein, das mich bisweilen beim abendlichen Bad überkam, das in den nackten Augenblick zwischen Handtuch und Pyjama schlüpfte und meine Haut wie Salz überzog. Jahrelang sorgsam gepflegter Selbsthaß offenbarte sich wie die Jahresringe eines gefällten Baumes.
Ich fand auch heraus, daß alles, was ich selbst mache, was ich wiederholt oder auf intensive Weise berühre, als Maßstab meiner Zufriedenheit dienen kann. Ein Bett, eine Teekanne, ein Garten – oder auch nur ein kurzer Satz –, es ist beinahe gleichgültig, was. Wenn ich es gemacht habe und es besitze, dann trägt es irgendwo tief drinnen den Stempel meines Wesens. Glückliches Brot

schmeckt glücklich, trauriges Brot nicht. Meine Sachen im Schaufenster konnten gar nicht anders als zeigen, wie ich in ihnen in der Welt gestanden hatte. Sie schämten sich meiner.

Sie können die Worte auf diesem Papier betrachten und ihnen meine Gestalt ansehen, denn es sind die Worte, die ich gewöhnlich benutze. Ich bin hier, um von Ihnen gelesen zu werden, so wie Sie vielleicht auch den Abdruck meines Körpers im Bett lesen könnten – nach einer ruhigen Nacht, nach einer schlaflosen Nacht, nach einer nicht allein verbrachten Nacht.

Jetzt aber gebe ich natürlich *ihr* meine Worte, und sie gibt mir dafür die ihren. Manche davon sind genau die gleichen – es ist mehr ein Tausch als eine Unterhaltung –, aber weil wir sie beim Sprechen berühren, können wir unsere Sätze betrachten und uns darin erkennen.

Ich kann erkennen, daß sie sich im Café langweilt, und daß sie lieber daheim bei ihrer eigenen Arbeit wäre, als spät abends außer Haus anderer Leute Arbeit zu tun. Ich kann erkennen, daß sie manchmal wegen des Geldes Angst hat oder vor schweren Krankheiten, aber nicht vor dem Tod. Ich kann erkennen, daß ihre Zunge immer so heiß sein wird, daß man sich erschreckt. Ich kann auch ihr Lachen erkennen. Sie hat ein ungeheures, schamloses Lachen, wie aus einer schlechten Komödie.

Als ich im Café auf meine Suppe wartete, wußte ich dank ihres Lachens, wo sie war. Ich war hereingekommen, weil es von draußen gemütlich wirkte und es preiswerte Gerichte gab, die auf einer ordentlichen schwarzen Tafel unweit der Tür angezeigt wurden. Die Atmosphäre war angenehm, die Musik leise und vernünftig, die Stühle geschmackvoll, aber ihr Lachen explodierte auf ungehörige Weise in dieser entspannten Umgebung und schien ganz und gar unpassend.

Ich schlängelte mich zwischen den Tischen hindurch und wußte, ich wollte weiches Brot und eine milde Suppe und ein Glas warmes Wasser, und ich wollte, daß sie mir diese Dinge brachte. Ich wollte sie in meiner Nähe haben. Ich ignorierte absichtlich jede Annäherung einer anderen Kellnerin und starrte entweder völlig

abwesend in die Gegend oder beugte mich mit halb geschlossenen Augen konzentriert über die Speisekarte. Als sie zum zweiten Mal an meinem Tisch vorbei ging, ergriff ich ihren Arm. Sie sagt, sie habe gewußt, daß ich das tun würde. Das ist seltsam, denn ich wußte es selbst nicht.
»Sind Sie jetzt soweit?« Das sieht gedruckt ziemlich schroff aus, aber sie sagte es kein bißchen schroff.
»Ja ja, bin ich. Ich hätte gern weiches Brot und eine milde Suppe, oder klare Brühe, wenn Sie das haben, und ein Glas warmes Wasser.«
»Wirklich?«
»Ja.«
»Was ist denn los mit Ihnen?«
»Ich habe ... ich hatte einen Weisheitszahn. Jetzt nicht mehr.«
»Oh, gräßlich. Heute?«
»Gestern.«
»Der Tag danach ist immer am schlimmsten. Die mildeste Suppe ist die mit Lauch und Kartoffeln, und ich werde die Rinde von Ihrem Brot abschneiden.«
Ich glaube, das hat sie wirklich getan. Es gehört normalerweise nicht zu den Pflichten einer Kellnerin, aber ich glaube, sie hat sogar die Rinde von meinem Brot abgeschnitten. Vielleicht wollte sie die Rinde ja essen, sie mag nämlich gern Rinde. Warum auch immer, ich bin jedenfalls sofort in den Genuß ihrer Aufmerksamkeit und Sorge gekommen. Nicht Mitleid, sondern Aufmerksamkeit, und das konnte ich akzeptieren.
Am nächsten Tag brachte ich meinen Zahn mit. Ich hatte am Abend zuvor alle Blutspuren beseitigt. Er war vorzeigbar.
»Oh Gott, der ist ja groß wie eine Schwarzwurzel.«
Ich war stolz.
»Das muß furchtbar weh tun.«
Ich nickte. Mir war etwas schwindlig, vom Schmerzmittel und dem weiterhin spürbaren Schmerz und davon, daß sie meine Hand hielt, in der ich meinen Zahn hielt. Der heftige, ziehende Schmerz in meinem Mund rührte sich.

Ich sah ihr hinterher, als sie wegging, um mir die mildeste Suppe des Tages zu holen, und ich spürte so etwas wie einen kleinen Stein, der mein Rückgrat entlangstürzte. Nur daß mein Rückgrat dabei unversehrt blieb. Der kleine Stein löste sich direkt unterhalb meiner Gedanken, fiel durch mein Herz und den Magen und dann noch weiter. Mein Skelett hatte damit nichts zu tun, ich spürte es nur im Fleisch. Plötzlich pochte das Blut in meinem Unterkiefer, und ich schloß für einen Moment die Augen und ließ mein ganzes Dasein ein heftiger, ziehender Schmerz werden, bis ich Angst bekam und nicht mehr weitermachen konnte.

Meine Mäntel und Jacken habe ich behalten. Mäntel sind eher Möbel als Kleidung, und die beiden Jacken, die ich besitze, gehörten meinem Vater, und es stand mir nicht zu, sie wegzugeben. Glücklicherweise mochte sie diese Sachen. Sie waren so schwer und so alt, daß sie sie streicheln und anfassen wollte. Ich hätte es gern gesehen, daß sie alle meine Kleidungsstücke streicheln und anfassen wollte, aber mir fehlte tagelang der Mut, sie zu fragen, was ihr am besten gefiele. Ich lief schon Gefahr, aufs Geratewohl irgendwelche Sachen zu kaufen und sie unbeabsichtigt vor den Kopf zu stoßen und zu verschrecken. Aber trotz meiner Hemmungen war es doch bald nötig, ein Hemd anzuschaffen, das ich zur Arbeit tragen könnte. Selbst die kleinsten Läden boten eine unvernünftig große Auswahl. Ich war ratlos. In meiner Verzweiflung wählte ich die Farbe, die gar keiner Farbe am nächsten kam, nämlich weiß.
Und sie liebt Weiß. Mit Worten allein kann ich überhaupt nicht ausdrücken, wie sehr und wie tief sie Weiß liebt.
Jetzt war es mir gefahrlos möglich, furchtbar glücklich zu sein. Einfach und spontan glücklich. Das bestmögliche Hemd, das ich für sie anziehen konnte, war ein weißes, und ich trug ein weißes. Seitdem darf ich auf ihre Hand herabblicken, die warm und sanft auf meinem kühlen Hemdsärmel ruht, und ich weiß um ihr unfehlbares Urteil in diesen Dingen. Wir sind zusammen vollkommen, wenn ich ihr gefalle. Absolut perfekt. Jetzt spare ich auf die

schönsten Hemden, die ich für sie kaufe, gute Nähte, verläßliche Krägen, feste, strahlende Stoffe von zupackendem Glanz mit diesen wunderbar leuchtend fließenden Falten von der Schulter bis zum Handgelenk. Es kommt mir alles magisch vor. Sie kümmert sich jetzt um mich, gibt mir Ratschläge, sieht, daß ich mich gut entwickle.

Zuerst hat es mich sehr erschreckt, als sie mir erzählte, sie sei Malerin. Mir wurde klar, daß ihre visuelle Wahrnehmung ganz besonders geschult war, und ich spürte sofort, wie mich diese Wahrnehmung schmerzhaft gründlich abtastete. Sie ließ ihren Blick in meinen sinken, hielt mich damit fest und erklärte, daß sie jeden Gast im Café anschauen und dann in Gedanken bis auf die Haut entblättern könne. Ihre Akte entstanden nie aus direkter Anschauung, das war seit Jahren nicht mehr nötig. Als sie kurz die Augen schloß, erschauerte ich. Und als sie mir schließlich ihre Bilder zeigte – die privaten, vollendeten Resultate ihrer Vorstellungskraft und ihres Könnens, die in ihrer Wohnung still an der Wand lehnten –, da wollte ich meine Stirn ganz fest in ihre Hände drükken und sie von ihr halten lassen, ich wollte etwas Lustiges und Melodiöses singen, wollte mich auf den Boden legen und herumrollen, weil ich einem so großen Teil von ihr so nah sein konnte. Dann stellte sie mir ihre Gemälde von nackten Fremden vor, und ich mußte mich eine Weile an den Türrahmen lehnen, weil mein Gehirn durcheinandergemischt und abgehoben wurde wie ein Kartenspiel – vor Eifersucht. Bis das Gefühl nachließ, konnte ich mich nicht bewegen. Innerhalb einer Minute hatte sie mich ausgeteilt und wieder eingesammelt, und gesammelt wollte ich auch bleiben, ich wollte ihr niemals Vorwürfe machen oder sie hassen, weil sie etwas Harmloses, aber Verstörendes tat. Außerdem stellte ich mir schmerzlich vor, wie sie ihre Vorstellungskraft auf mich anwandte und meine Unzulänglichkeiten zusammenzählte.

Um festzustellen, ob sie mich gewähren ließe, küßte ich sie, und ich fragte mich sofort, wie das möglich war, was das bedeutete, ob das ihr Plan war oder meiner. Bevor ich an jenem Abend ging, hatte auch sie mich geküßt.

Ich ging nach Hause und weinte. Oder genauer gesagt: ich weinte auf der Treppe vor ihrer Haustür, und dann ging ich nach Hause und weinte wieder.
Denn ich sah, wie schrecklich alles ist. Die Natur läßt uns nicht nah heran, nicht nah genug. Zeit und Raum ticken und jagen ständig zwischen uns, und wir können sie nur überwinden, wenn wir uns mit dem anderen beschäftigen. Ich muß ganz bei ihr sein, und ich habe sie weder gemacht, noch besitze ich sie, also liebe ich sie. Ich liebe sie. Dafür bin ich hier. Und wenn ich sie liebe, berühre ich sie. Wieder und wieder liege ich in ihren Armen vergraben. Ich bedecke ihre Augen mit Küssen, damit ich ganz bei ihr sein kann und nur das, damit meine Ungeschicklichkeit oder meine Dummheit nicht zwischen uns gerät. Und noch dazu berührt sie mich.
Aber ich kenne die Regeln für Liebende nicht. Ich weiß nicht, ob es möglich ist, sie so oft und so viel zu berühren und sie dabei nicht womöglich zum Schlechten zu verändern. Denn sie erfüllt meine Gedanken und mein Herz mit völliger Zufriedenheit, und ich hoffe, daß sie nicht bloß ein Zeichen meiner Zufriedenheit oder meiner Unzufriedenheit ist. Ich denke, ich bin vielleicht ein Zeichen ihrer Zufriedenheit. Obwohl ich manchmal nicht besonders gut bin. Ich bin eine Enttäuschung, ich bin nicht so, wie wir beide es gerne hätten.
»Du machst dir zu viele Sorgen.«
»Ich bemühe mich, das nicht zu tun.«
»Vielleicht bemühst du dich zu sehr.«
»Ich weiß. Darüber mache ich mir ja auch Sorgen.«
Wir liegen tief in der Mulde meines Bettes vergraben, unseres Bettes, und wir unterhalten uns. Auf dem Nachttisch liegen in wunderschönem Durcheinander unsere Uhren und unsere Hausschlüssel und unser Kleingeld, und ihre Ohrringe, und meine spanische Glücksmünze, die ich an einem kalten Silvesterabend aus dem Eis einer überfrorenen Straße gekratzt habe, ohne dabei auch nur von einem Auto angefahren zu werden. Glück gehabt.
Während die Inhalte unserer Hosentaschen darauf warten, daß

wir sie wieder an uns nehmen, schmiege ich mich fester an den erstaunlichen Bogen, an die Spannung, die lebendige Wärme ihres Rückens und spüre, wie sie leise glucksend lacht.
»Darüber machst du dir Sorgen?«
»O ja, ich mache mir über alles Sorgen – und das macht mir auch Sorgen.«
Es ist ein Witz, den wir beide schon kennen, nur in anderen Worten, und wir mögen ihn eben, weil wir ihn immer machen, weil es unserer ist, weil er witzig und wahr ist. Wir liegen wie zwei Löffel aneinander, und ich warte, daß sie anfängt zu lachen, und ich bin ziemlich sicher, daß ich mir Sorgen machen werde, solange ich sie kenne. Sie ist das Schönste, was ich habe, verstehen Sie, und ich will ihr gerecht werden.
Ich möchte leidenschaftlich, phantasievoll und frei für sie sein, aber ich weiß nicht wie. Ich möchte sie so sehr lieben, daß ich es selbst fühle und daran glaube, und möchte doch nichts als sanft und behutsam sein, und ich weiß nie, was richtig ist. Es gibt Abende, da kann ich sie nur ansehen. Nein. Nein, ein bißchen mehr schon.
Ich stehe vor ihr, mein Gewicht so gleichmäßig verteilt, wie ich es hinbekomme, vielleicht ein wenig mehr auf den Zehen, und ich hebe meinen Kopf, so daß mein Schädel gerade auf meinem Hals ruht. Ich mache meinen Gesichtsausdruck weich. »Entspann dich«, denke ich. »Fühl dich jung und glücklich.« Also tue ich es.
Sie findet, ich spinne – diese ganze mentale Vorbereitung, die alles kompliziert und verzögert. Ich sage ihr, daß ich diese Formalität manchmal brauche. Und obwohl ich ihre Berührung mehr brauche als die Luft zum Atmen, warte ich mit ihrer Erlaubnis und tue fast nichts. Ich erwarte sie. Ich schenke ihr das Begehren, das sie verdient.
Ich schließe die Augen und betrachte den Nachglanz ihrer Haut, der hier bei mir im Dunkeln ist. Ich schließe meine Lider ganz vorsichtig, sie machen keinerlei Geräusch. Dabei bin ich so leise wie das Licht, oder wie eines der Bilder, die sie von mir gemalt hat. Sie malt sogar mich, unansehnlich wie ich bin, läßt mich zu einem

Teil ihrer Arbeit werden, weil ich Individualität habe, und das ist viel besser als Schönheit.
Ich halte inne.
Ich beginne die Arme zu heben, und das Rascheln der Baumwolle meines Hemdes ist geduldig, trocken, und irgendwie genau richtig.
In dieser Position ist es ganz einfach, mein Gesicht nach vorn zu neigen, langsam nach vorn und nach unten. Um meine Lippen liegt ein dünner Schweißfilm, und die Bewegung läßt ihn abkühlen.
Von hier aus bin ich fast bei ihr. Im rein vertikalen Sinn sind wir höchstens noch einen Meter voneinander entfernt. Ich lecke mir über die Lippen. Einmal. Damit ich sie schmecken kann.
Bald werde ich bei ihr liegen und mein Bestes geben. Jetzt aber stehe ich hier, wo sie mich sehen kann, und ich denke, daß sie mich für den Rest meines Lebens unvollkommen gemacht hat, wo ich doch schon dachte, fertig zu sein. Dafür kann ich ihr nie angemessen danken. Ich mache mir Sorgen, und ich gebe mein Bestes.

Judith Hermann
SOMMERHAUS, SPÄTER

Stein fand das Haus im Winter. Er rief mich irgendwann in den ersten Dezembertagen an und sagte: »Hallo«, und schwieg. Ich schwieg auch. Er sagte: »Hier ist Stein«, ich sagte: »Ich weiß«, er sagte: »Wie geht's denn«, ich sagte: »Warum rufst du an«, er sagte: »Ich hab's gefunden«, ich fragte verständnislos: »Was hast du gefunden?« und er antwortete gereizt: »Das Haus! Ich hab das Haus gefunden.«

Haus. Ich erinnerte mich. Stein und sein Gerede von *dem* Haus, raus aus Berlin, Landhaus, Herrenhaus, Gutshaus, Linden davor, Kastanien dahinter, Himmel darüber, See märkisch, drei Morgen Land mindestens, Karten ausgebreitet, markiert, Wochen in der Gegend rumgefahren, suchend. Wenn er dann zurückkam, sah er komisch aus, und die anderen sagten: »Was erzählt der bloß. Das wird doch nie was.« Ich vergaß das, wenn ich Stein nicht sah. Wie ich auch ihn vergaß.

Ich zündete mir mechanisch eine Zigarette an, wie immer, wenn Stein irgendwie auftrat und mir also wenig einfiel. Ich sagte zögernd: »Stein? Hast du's gekauft?« und er schrie: »Ja!«, und dann fiel ihm der Hörer aus der Hand. Ich hatte ihn noch nie schreien gehört. Und dann war er wieder dran und schrie weiter, schrie: »Du *mußt* es dir ansehen, es ist unglaublich, es ist großartig, es ist toll!« Ich fragte nicht, wieso gerade ich mir das ansehen sollte. Ich hörte zu, obwohl er dann lange nichts mehr sagte.
»Was machst du gerade?« fragte er schließlich, es klang geradezu obszön, und seine Stimme zitterte ein wenig. »Nichts«, sagte ich. »Ich sitze so rum und lese Zeitung.« – »Ich hol dich ab. In zehn Minuten«, sagte Stein und legte auf.

Fünf Minuten später war er da, nahm den Daumen auch dann noch nicht von der Klingel, als ich ihm schon lange geöffnet hatte. Ich sagte: »Stein, das nervt. Hör auf zu klingeln«, ich wollte sagen: Stein, es ist saukalt draußen, ich habe keine Lust, mit dir rauszufahren, verschwinde. Stein hörte auf zu klingeln, legte den Kopf schief, wollte was sagen, sagte nichts. Ich zog mich an. Wir fuhren los, sein Taxi roch nach Zigaretten, ich kurbelte das Fenster herunter und hielt mein Gesicht in die kalte Luft.

Die Beziehung zu Stein, wie die anderen das nannten, lag damals schon zwei Jahre zurück. Sie hatte nicht lange angedauert und vor allem aus gemeinsamen Fahrten mit seinem Taxi bestanden. Ich hatte ihn in seinem Taxi kennengelernt. Er hatte mich zu einem Fest gefahren und auf der Autobahn eine Trans-AM-Kassette in den Rekorder geschoben, als wir da waren, sagte ich, das Fest sei jetzt doch woanders, und wir fuhren weiter, und irgendwann schaltete er die Uhr ab. Er kam mit zu mir. Er stellte seine Plastiktüten in meinen Flur und blieb drei Wochen lang. Stein hatte nie eine eigene Wohnung besessen, er zog mit diesen Tüten durch die Stadt und schlief mal hier und mal da, und wenn er nichts fand, schlief er in seinem Taxi. Er war nicht das, was man sich unter einem Obdachlosen vorstellt. Er war sauber, gut angezogen, nie verwahrlost, er hatte Geld, weil er arbeitete, er hatte eben keine eigene Wohnung, vielleicht wollte er keine.

In den drei Wochen, in denen Stein bei mir lebte, fuhren wir mit seinem Taxi durch die Stadt. Das erste Mal über die Frankfurter Allee, bis zu ihrem Ende und wieder zurück, wir hörten Massive Attack und rauchten und fuhren die Frankfurter Allee wohl eine Stunde lang rauf und runter, bis Stein sagte: »Verstehst du's?« Mein Kopf war völlig leer, ich fühlte mich ausgehöhlt und in einem seltsamen Schwebezustand, die Straße vor uns war breit und naß vom Regen, die Scheibenwischer schoben sich über die Windschutzscheibe, vor–zurück. Die Stalin-Bauten zu beiden Seiten der Straße waren riesig und fremd und schön. Die Stadt war nicht mehr die Stadt, die ich kannte, sie war autark und menschenleer, Stein sagte: »Wie ein ausgestorbenes Riesentier«, ich sagte, ich würde ihn verstehen, ich hatte aufgehört zu denken.

Danach fuhren wir fast immer mit dem Taxi herum. Stein hatte für jede Strecke eine andere Musik, Ween für die Landstraßen, David Bowie für die Innenstadt, Bach für die Alleen, Trans-AM nur für die Autobahn. Wir fuhren fast immer Autobahn. Als der erste Schnee fiel, stieg Stein an jedem Rastplatz aus dem Auto, rannte auf den verschneiten Acker und vollführte dort langsame und konzentrierte Tae-kwondo-Bewegungen, bis ich lachend und wütend schrie, er solle zurückkommen, ich wolle weiterfahren, mir sei kalt.

Irgendwann hatte ich genug. Ich packte ihm seine drei Plastiktüten zusammen und sagte, es sei Zeit, daß er sich eine neue Bleibe suche. Er bedankte sich und ging. Er zog zu Christiane, die unter mir wohnte, dann zu Anna, zu Henriette, zu Falk, dann zu den anderen. Er vögelte sie alle, das ließ sich nicht vermeiden, er war ziemlich schön, Fassbinder hätte seine helle Freude an ihm gehabt. Er war dabei. Und auch nicht. Er gehörte nicht dazu, aber aus irgendeinem Grund blieb er. Er saß Modell in Falks Atelier, legte Kabel auf Annas Konzerten, hörte Heinzes Lesungen im Roten Salon. Er applaudierte im Theater, wenn wir applaudierten, trank, wenn wir tranken, nahm Drogen, wenn wir sie nahmen. Er war auf den Festen dabei, und wenn wir rausfuhren, sommers, in die schäbigen, schiefen, kleinen Landhäuschen, die sie bald alle hatten, und auf deren morschen Zäunen »Berliner raus!« geschmiert war, kam er mit. Und ab und an nahm ihn einer von uns mit ins Bett, und ab und an sah einer zu.
Ich nicht. Ich wiederholte nicht. Ich kann sagen – es war nicht meine Art. Ich konnte mich auch nicht erinnern, wie das, wie also Sex mit Stein gewesen war.

Wir saßen mit ihm da rum, in den Gärten und Häusern von Leuten, mit denen wir nichts zu tun hatten. Arbeiter hatten da gelebt, Kleinbauern, Hobbygärtner, die uns haßten und die wir haßten. Den Einheimischen gingen wir aus dem Weg, schon an sie zu denken machte alles kaputt. Es paßte nicht. Wir klauten ihnen das »Unter-uns-Sein«, entstellten die Dörfer, Felder und noch den Himmel, das kriegten sie mit, an der Art und Weise, wie wir da umhergingen im Easy-Rider-Schritt, die abgebrannten Jointstummel in die Blumenrabatten ihrer Vorgärten schnippten, uns anstießen, echauffiert. Aber wir wollten da sein, trotz allem. In den Häusern rissen wir die Tapete runter, entfernten Plaste und Elaste, Stein machte das; wir saßen im Garten, tranken Wein, guckten blöde auf Baumgruppe in Mückenschwarm und redeten über Castorf und Heiner Müller und Wawerzineks letzten Absturz in der Volksbühne. Wenn Stein genug gearbeitet hatte, setzte er sich zu uns. Zu sagen hatte er nichts. Wir nahmen LSD, Stein nahm es auch. Toddi taumelte ins Abendlicht, faselte bei jeder Berührung etwas von »Blau«, Stein lächelte übertrieben heiter und schwieg. Er bekam ihn nicht hin, unseren spitzfindigen, neurasthenischen, abgefuckten Blick, obwohl er sich darum bemühte; meist sah er uns an, als ob wir auf einer Bühne agierten. Einmal war ich mit ihm allein, vielleicht im Garten von Heinzes Haus in Lunow, die anderen aufgebrochen zum Sonnenuntergang auf Speed. Stein räumte Gläser, Aschenbecher, Flaschen und Stühle weg. Es gelang ihm. Bald erinnerte nichts mehr an die anderen. »Willst du Wein?« fragte er, ich sagte: »Ja«, wir tranken, rauchten schweigend, er lächelte jedesmal, wenn wir uns ansahen. Und das war's.

Ich dachte: »Und das war's«, als ich jetzt neben Stein im Taxi saß, Frankfurter Allee Richtung Prenzlau, Nachmittagsverkehr. Der Tag war diesig und kalt, Staub in der Luft, glotzende, blöde, fingerreckende, müde Autofahrer neben uns. Ich rauchte eine Zigarette und fragte mich, warum gerade ich jetzt neben Stein sitzen mußte, warum er gerade mich angerufen hatte – weil ich ein

Anfang gewesen war, für ihn? Weil er Anna oder Christiane oder Toddi nicht erreicht hatte? Weil keiner von denen mit ihm rausgefahren wäre? Und warum fuhr ich mit ihm raus? Ich kam an keine Antwort heran. Ich warf die Zigarettenkippe aus dem Fenster, ignorierte den Kommentar des Autofahrers neben uns; im Taxi war es scheußlich kalt. »Stimmt was mit der Heizung nicht, Stein?« Stein antwortete nicht. Es war das erste Mal, daß wir wieder zusammen in seinem Auto saßen, seit damals, ich sagte nachsichtig: »Stein, was ist das für ein Haus. Was hast du dafür bezahlt.« Stein schaute unkonzentriert in den Rückspiegel, fuhr über rote Ampeln, wechselte unentwegt die Spur, zog die Glut seiner Zigarette bis an die Lippen herunter. »80 000«, sagte er. »Ich hab 80 000 Mark dafür bezahlt. Es ist schön. Ich hab's gesehen, und hab gewußt – das ist es.« Er hatte rote Flecken im Gesicht und hämmerte mit der flachen Hand auf die Hupe, während er einem Bus die Vorfahrt nahm. Ich sagte: »Woher hast du 80 000 Mark?«, er warf mir einen kurzen Blick zu und antwortete: »Du stellst die falschen Fragen.« Ich beschloß, nichts mehr zu sagen.

Wir verließen Berlin, Stein fuhr von der Autobahn hinunter auf die Landstraße, es begann zu schneien. Ich wurde müde, wie immer beim Autofahren. Ich starrte auf die Scheibenwischer, in den wirbelnden Schnee, der uns in konzentrischen Kreisen entgegen kam, ich dachte an das Autofahren mit Stein vor zwei Jahren, an die seltsame Euphorie, an die Gleichgültigkeit, an die Fremdheit. Stein fuhr ruhiger, sah ab und an flüchtig zu mir hin. Ich fragte: »Funktioniert der Kassettenrekorder nicht mehr?« Er lächelte, sagte: »Doch. Ich wußte nicht ... wenn du's noch magst.« Ich verdrehte die Augen – »Natürlich mag ich's noch.« –, schob die Callaskassette in den Rekorder, auf der Stein eine Donizettiarie zwanzigmal hintereinander montiert hatte. Er lachte. »Du weißt das noch.« Die Callas sang, sie ging hoch und runter, Stein beschleunigte und verlangsamte, ich mußte auch lachen und berührte mit der Hand kurz seine Wange. Die Haut war ungewohnt stachelig. Ich dachte: »Was ist gewohnt«, Stein sagte: »Siehste«, und ich sah, daß er es sofort bereute.

Hinter Angermünde bog er von der Landstraße ab und bremste vor der Einfahrt zu einem Sechziger-Jahre-Flachbau so heftig, daß ich mit dem Kopf gegen die Windschutzscheibe flog. Ich fragte enttäuscht und beunruhigt: »Ist es das?« und Stein freute sich darüber und schlitterte auf dem vereisten Beton mit übertriebenen Bewegungen auf die Frau im Küchenkittel zu, die aus der Haustür getreten war. An ihren Kittel krallte sich ein blasses, kümmerliches Kind. Ich kurbelte die Scheibe herunter, hörte, wie er mit jovialer Herzlichkeit: »Frau Andersson!« rief – ich hatte seine Art, mit Leuten dieses Schlags umzugehen, schon immer gehaßt –, sah, wie er ihr die Hand entgegenstreckte und wie sie sie nicht nahm, sondern ein riesiges Schlüsselbund hineinfallen ließ. »Wasser gibt's nicht bei Frost«, sagte sie. »Zuleitung is kaputt. Aber Strom wollnse nächste Woche anstelln.« Das Kind an ihrem Kittel fing an zu heulen. »Macht nix«, sagte Stein, schlitterte zum Auto zurück, blieb vor meiner heruntergekurbelten Scheibe stehen und bewegte sein Becken elegant und obszön im Kreis. Er sagte: »Come on baby, let the good times roll.« Ich sagte: »Stein. Laß das«, ich spürte, wie ich rot wurde, das Kind ließ den Kittel der Frau los und ging einen erstaunten Schritt auf uns zu.

»Die haben drin gewohnt«, sagte Stein, als er den Motor wieder anließ; er setzte rückwärts auf die Landstraße, der Schnee fiel jetzt dichter, ich drehte mich um und sah die Frau und das Kind im erleuchteten Rechteck der Tür stehen, bis das Haus hinter einer Kurve verschwand. »Sie sind sauer, weil sie vor einem Jahr rausmußten. Aber nicht ich hab sie rausgesetzt, sondern der Eigentümer aus Dortmund. Ich hab's bloß gekauft. Von mir aus hätten sie drinbleiben können.« Ich sagte verständnislos: »Die sind doch ekelhaft«, und Stein sagte: »Was ist ekelhaft« und warf mir das Schlüsselbund in den Schoß. Ich zählte die Schlüssel, es waren dreiundzwanzig Stück, ganz kleine und sehr große, alle alt und mit schöngeschwungenem Griff, ich sang halblaut vor mich hin: »Der Schlüssel zum Stall, der Schlüssel zum Boden, der fürs Tor, für die Scheune, fürs gute Zimmer, für Melkkammer, Briefkasten, Keller und Gartentor«, und auf einmal – ohne, daß ich das wirklich gewollt hätte – verstand ich Stein, seine Begeisterung, seine Vorfreude, seine Fiebrigkeit. Ich sagte: »Es ist schön, daß wir da zusammen hinfahren, Stein«, und er weigerte sich, mich anzusehen, und sagte: »Jedenfalls kann man von der Veranda aus die Sonne hinterm Kirchturm untergehen sehen. Und wir sind gleich da. Hinter Angermünde kommt Canitz, und in Canitz steht das Haus.«

Canitz war schlimmer als Lunow, schlimmer als Templin, schlimmer als Schönwalde. Graue, geduckte Häuser auf beiden Seiten der gekrümmten Landstraße, Bretterverschläge vor vielen Fenstern, kein Laden, kein Bäcker, kein Gasthaus. Das Schneegestöber nahm zu. »Viel Schnee hier, Stein« sagte ich, und er sagte: »Klar«, als hätte er den Schnee zusammen mit dem Haus gekauft. Als auf der linken Seite der Straße die Dorfkirche auftauchte, dann doch schön und rot mit einem runden Glockenturm, fing Stein an, ein summendes, seltsames Geräusch zu machen, wie eine Fliege, die im Sommer gegen die geschlossenen Fenster stößt. Er lenkte das Auto auf einen kleinen Querweg, bremste ab, nahm im selben Moment mit einer emphatischen Geste die Hände vom Lenkrad und sagte: »Das ist es.«

Ich sah aus dem Autofenster und dachte: »Das ist es noch fünf Minuten.« Das Haus sah aus, als würde es jeden Moment lautlos und plötzlich in sich zusammenfallen. Ich stieg aus und schloß die Wagentür so vorsichtig, als könne jede Erschütterung eine zuviel sein, und auch Stein lief auf Zehenspitzen auf das Haus zu. Das Haus war ein Schiff. Es lag am Rand dieser canitzschen Dorfstraße wie ein in lange vergangener Zeit gestrandetes, stolzes Schiff. Es war ein großes, zweistöckiges Gutshaus aus rotem

Ziegelstein, es hatte ein skelettiertes Giebeldach mit zwei hölzernen Pferdeköpfen zu beiden Seiten, in den meisten Fenstern waren keine Scheiben mehr. Die windschiefe Veranda wurde nur noch vom dichten Efeu zusammengehalten, und durchs Mauerwerk liefen daumendicke Risse. Das Haus war schön. Es war *das* Haus. Und es war eine Ruine.

Das Tor, von dem Stein versuchte, das Schild mit der Aufschrift »Zu verkaufen« zu entfernen, sank mit einem Klagelaut um. Wir stiegen darüber hinweg, dann blieb ich stehen, erschrocken über Steins Gesichtsausdruck, und sah, wie er hinter dem Efeu der Veranda verschwand. Kurz darauf fiel ein Fensterrahmen aus dem Haus, Steins fieberndes Gesicht erschien zwischen den Glaszacken einer Scheibe, angeleuchtet vom Schein einer Petroleumlampe.

»Stein!« rief ich. »Komm da raus! Es stürzt zusammen!«

»Komm rein!« rief er zurück. »Es ist doch mein Haus!«

Ich fragte mich kurz, weshalb das beruhigend sein sollte, dann stolperte ich über Mülltüten und Schrott auf die Veranda zu. Ihre Bretter ächzten, der Efeu verschluckte sofort jedes Licht, ich schob angewidert die Ranken beiseite, und dann zog mich Steins eiskalte Hand in den Hausflur hinein. Ich griff zu. Ich griff nach seiner Hand, plötzlich wollte ich seine Berührung nicht wieder verlieren, und erst recht nicht den Schein seiner kleinen Petroleumfunzel; Stein summte, und ich folgte ihm.

Er stieß alle Fensterläden in den Garten hinaus, und wir sahen das letzte Tageslicht durch die roten Scheibensplitter der Türen. Das Schlüsselbund, das schwer in meiner Jackentasche wog, war überhaupt nicht notwendig, alle Türen standen offen oder waren nicht mehr vorhanden. Stein leuchtete, zeigte, beschrieb, stellte sich atemlos vor mich hin, wollte etwas sagen, sagte nichts, zog mich weiter. Streichelte Treppengeländer und Klinken, klopfte gegen Wände, zupfte Tapete herunter und bestaunte den staubigen Putz, der darunter zum Vorschein kam. Er sagte: »Siehst du?«

und: »Fühl mal!« und: »Wie findest du das?«, ich brauchte ihm nicht zu antworten, er redete zu sich selbst. Er kniete sich in der Küche auf den Boden, wischte mit den Händen den Dreck von den Fliesen und sprach vor sich hin; ich klammerte mich die ganze Zeit über an ihn und war doch nicht mehr vorhanden. An den Wänden hatten Jugendliche ihre Markierungen hinterlassen – *Geh zu ihr, und laß deinen Drachen steigen. Ich war hier. Mattis. No risk, no fun* – ich sagte: »Geh zu ihr, und laß deinen Drachen steigen«, Stein drehte sich plötzlich irr zu mir herum und sagte: »Was?«, ich sagte: »Nichts.« Er packte mich am Arm und schob mich vor sich her, stieß die Hintertür mit einem Fußtritt in den Garten hinaus und mich eine kleine Treppe herunter. »Hier.«

Ich sagte: »Was – hier.«
»Na alles!« sagte Stein, ich hatte ihn noch nie so unverschämt erlebt. »See, märkisch, Kastanien auf dem Hof, drei Morgen Land, ihr könnt euer gottverdammtes Gras hier anbauen und Pilze und Hanf und Scheiße. Platz genug, verstehst du? Platz genug! Ich mach euch hier 'nen Salon und 'n Billardzimmer und 'n Raucherzimmer, und jedem seinen eigenen Raum und großer Tisch hinterm Haus für Scheißessen und Dreck, und dann kannste aufstehen und zur Oder laufen und dir da Koks einfahren, bis dir der Schädel platzt«, er drehte grob meinen Kopf aufs Land hinaus, es war zu dunkel, ich konnte fast nichts mehr erkennen, ich fing an zu zittern.
Ich sagte: »Stein. Bitte. Hör auf.«
Er hörte auf. Er schwieg, wir schauten uns an, wir atmeten heftig und fast im gleichen Rhythmus. Er legte seine Hand langsam an mein Gesicht, ich zuckte zurück, er sagte: »In Ordnung. In Ordnung, in Ordnung. O. K.«
Ich stand still. Ich verstand nichts. Sehr fern verstand ich doch etwas, aber es war noch viel zu weit weg. Ich war erschöpft und matt, ich dachte an die anderen und spürte eine kurze Wut darüber, daß sie mich hier alleine gelassen hatten, daß niemand da war, Christiane nicht, Anna nicht, Heinze nicht, um mich vor Stein

zu schützen. Stein scharrte mit den Füßen herum und sagte: »Tut mir leid.«
Ich sagte: »Macht nichts. Schon gut.«
Er nahm meine Hand, seine Hand war jetzt warm und weich, er sagte: »Also, die Sonne hinterm Kirchturm.«
Er wischte auf der Veranda den Schnee von den Treppenstufen und forderte mich zum Sitzen auf. Ich setzte mich. Mir war unglaublich kalt. Ich nahm die angezündete Zigarette, die er mir hinhielt, rauchte, starrte auf den Kirchturm, hinter dem die Sonne schon untergegangen war. Ich hatte das schuldige Gefühl, irgend etwas Zukunftsweisendes, Optimistisches sagen zu müssen, ich fühlte mich verwirrt, ich sagte: »Ich würde den Efeu von der Veranda wegmachen, im Sommer. Sonst können wir nichts sehen, wenn wir hier sitzen wollen und Wein trinken.«
Stein sagte: »Mach ich.«
Ich war mir sicher, daß er überhaupt nicht zugehört hatte. Er saß neben mir, er sah müde aus, er schaute auf die leere, schneeweiße, kalte Straße; ich dachte an den Sommer, an die Stunde in Heinzes Garten in Lunow, ich wünschte mir, daß mich Stein noch einmal so ansehen würde, wie er mich damals angesehen hatte, und ich haßte mich dafür. Ich sagte: »Stein, kannst du mir was sagen, bitte? Kannst du mir vielleicht irgend etwas erklären?«
Stein schnickte seine Zigarette in den Schnee, sah mich nicht an, sagte: »Was soll ich dir denn sagen. Das hier ist eine Möglichkeit, eine von vielen. Du kannst sie wahrnehmen, oder du kannst es bleiben lassen. Ich kann sie wahrnehmen, oder abbrechen und woanders hingehen. Wir können sie zusammen wahrnehmen oder so tun, als hätten wir uns nie gekannt. Spielt keine Rolle. Ich wollt's dir nur zeigen, das ist alles.«
Ich sagte: »Du hast 80 000 Mark bezahlt, um mir eine Möglichkeit zu zeigen, eine von vielen? Hab ich das richtig verstanden? Stein? Was soll das?«
Stein reagierte nicht. Er beugte sich vor und sah angestrengt auf die Straße, ich folgte seinem Blick; die Straße war dämmrig, der Schnee reflektierte das letzte Licht und blendete. Auf der ande-

ren Straßenseite stand jemand. Ich kniff die Augen zusammen und richtete mich auf, die Gestalt war vielleicht fünf Meter entfernt, sie drehte sich um und lief in den Schatten zwischen zwei Häusern. Ein Gartentor klappte, ich war überzeugt, das Kind aus Angermünde erkannt zu haben, das blasse, blöde Kind, das sich an den Kittel der Frau gekrallt hatte.
Stein stand auf und sagte: »Laß uns fahren.«
Ich sagte: »Stein – das Kind. Aus Angermünde. Warum steht es hier auf der Straße herum und beobachtet uns?«
Ich wußte, daß er nicht anworten würde. Er hielt mir die Wagentür auf, ich blieb vor ihm stehen, ich wartete auf irgend etwas, auf eine Berührung, auf eine Geste. Ich dachte: ›*Du* wolltest doch immer mit uns sein.‹
Stein sagte kühl: »Danke, daß du mitgekommen bist.«
Da stieg ich ins Auto.

Was für eine Musik wir auf der Rückfahrt gehört haben, weiß ich nicht mehr. Ich habe Stein in den darauffolgenden Wochen auch nur selten gesehen. Die Seen froren zu, wir kauften Schlittschuhe, zogen nachts mit Fackeln durch den Wald und aufs Eis hinaus. Wir hörten Paolo Conte aus Heinzes Ghettoblaster, schluckten Ecstasy und lasen uns die besten Stellen aus Bret Easton Ellis *American Psycho* vor. Falk küßte Anna, und Anna küßte mich, und ich küßte Christiane. Stein war manchmal dabei. Er küßte Henriette, und wenn er das tat, schaute ich weg. Wir gingen uns aus dem Weg. Er hatte niemandem erzählt, daß er das Haus nun endlich gekauft hatte, er hatte nicht erzählt, daß er mit mir rausgefahren war. Ich auch nicht. Ich dachte nicht an das Haus, aber manchmal, wenn wir mit seinem Taxi zurück in die Stadt fuhren, und unsere Schlittschuhe und Fackeln in den Kofferraum warfen, entdeckte ich dort Dachpappe, Tapeten und Wandfarbe.

Im Februar brach Toddi auf dem Griebnitzsee ein. Heinze raste auf Schlittschuhen über das Eis, reckte seine Fackel hoch und schrie: »Was für'n Spaß wir haben können, was für'n Heidenspaß, ich faß es nicht!«, er war völlig besoffen, und Toddi schlitterte hinter ihm her, und wir riefen: »Sag: *Blau*, Toddi! Sag es!«, und dann knackte es, und Toddi verschwand.

Wir standen still. Heinze zog mit offenem Mund eine großartige Schleife, das Eis summte, von unseren Fackeln tropfte zischend Wachs. Falk rannte los, stolpernd auf Schlittschuhen, Anna riß ihren Schal herunter, Christiane hielt sich dümmlich die Hände vors Gesicht und kreischte dünn. Falk robbte auf dem Bauch, Heinze war nicht mehr zu sehen. Falk schrie nach Toddi, und Toddi schrie zurück. Anna warf ihren Schal, Henriette klammerte sich an Falks Füße, ich blieb stehen. Stein blieb auch stehen. Ich nahm die angezündete Zigarette, die er mir hinhielt, er sagte: *»Blau«*, ich sagte: *»Kalt«*, und dann fingen wir an zu lachen. Wir lachten und krümmten uns und legten uns aufs Eis, und die Tränen liefen uns übers Gesicht; wir lachten und konnten nicht mehr aufhören, auch dann nicht, als sie Toddi brachten, naß und zitternd, und Henriette sagte: »Seid ihr bescheuert, oder was.«

Im März verschwand Stein. Er erschien nicht zu Heinzes dreißigstem Geburtstag und nicht zu Christianes Premiere und auch nicht zu Annas Konzert. Er war weg, und als Henriette blöde unauffällig fragte, wo er sei, zuckten sie mit den Schultern. Ich zuckte nicht mit den Schultern, aber ich schwieg. Eine Woche später kam die erste Karte. Es war ein Foto der Dorfkirche von Canitz, und auf der Rückseite stand:

Das Dach ist dicht. Das Kind putzt sich die Nase, spricht nicht, ist immer da. Auf die Sonne ist Verlaß, ich rauche, wenn sie geht, ich habe was gepflanzt, das kannst du essen. Den Efeu schneid ich, wenn du kommst, du weißt, du hast die Schlüssel immer noch.

Danach kamen regelmäßig Karten, ich wartete, wenn sie einen Tag ausblieben, war ich enttäuscht. Es waren immer Fotos der Kirche und immer vier oder fünf Sätze, wie kleine Rätsel, manchmal schön, manchmal unverständlich. Stein schrieb oft ... *wenn du kommst.* Er schrieb nicht: »Komm.« Ich beschloß, auf das »Komm« zu warten, und dann loszufahren. Im Mai kam keine Karte, aber ein Brief. Ich betrachtete Steins ungelenke, große Handschrift auf dem Umschlag, kroch zu Falk ins Bett zurück und riß das Papier auf. Falk schlief noch und schnarchte. Im Umschlag war ein aus dem Angermünder Anzeiger ausgeschnittener Zeitungsartikel, Stein hatte das Datum auf die Rückseite gekritzelt. Ich schob Falks schlafwarmen Körper beiseite, faltete den Artikel auseinander und las:

REGIONALES
In der Nacht zu Freitag brannte in Canitz das ehemalige Gutshaus bis auf die Grundmauern ab. Der Besitzer, ein Berliner, der das im 18. Jahrhundert erbaute Haus vor einem halben Jahr gekauft und wieder instandgesetzt hatte, ist seitdem als vermißt gemeldet. Die Unglücksursache steht noch nicht fest, die Polizei schließt Brandstiftung bisher nicht aus.

Ich las das drei Mal. Falk bewegte sich. Ich starrte von dem Artikel auf Steins Handschrift auf dem Briefumschlag und zurück auf den Artikel. Der Poststempel auf der Briefmarke war aus Stralsund. Falk wachte auf, sah mich einen Moment lang teilnahmslos an, griff dann nach meinem Handgelenk und fragte mit der fiesen Schläue der Dummen:
»Was ist das?«
Ich zog meine Hand weg, stieg aus dem Bett und sagte: »Nichts.«
Ich ging in die Küche und stand zehn Minuten lang stumpfsinnig vor dem Herd herum. Die Uhr über dem Herd tickte. Ich lief ins hintere Zimmer, zog die Schreibtischschublade auf und legte den Briefumschlag zu den anderen Karten und dem Schlüsselbund. Ich dachte: »Später.«

Clemens Meyer

DIE NACHT, DIE LICHTER

Es ist die letzte Nacht, die ich habe, aber das sage ich ihr nicht, und wir laufen durch die Straßen, und ich blicke auf die Lichter und dann auf sie, denn sie ist genauso schön wie früher, als wären wir immer noch fünfzehn, sechzehn, nein, sie war dreizehn gewesen, und irgendwie ist ein Teil von damals noch in ihr, und ich blicke auf die Lichter und erzähle so dies und das.

Sie sagt irgendwas, und ich sage: »Ja, stimmt«, und dann schweigen wir eine Weile und laufen weiter, bis sie vor einer dieser feinen Bars stehen bleibt, in denen es schicke Cocktails und schicke Leute gibt, und sie sagt: »Hier.«

Ich will ihr die Tür aufhalten, aber sie ist schneller, und ich gehe an ihr vorbei nach drinnen. Ich blicke zur Bar und durch den halb dunklen Raum und spüre, wie sie hinter mir steht, und ich gehe zu einem der kleinen Tische. Wir setzen uns. An den anderen Tischen und an der Bar sitzen Frauen und Männer im Dämmerlicht und trinken bunte Cocktails oder Kaffee aus großen, runden Tassen ohne Henkel. Ich blicke kurz zu ihr, sie liest in der Karte, und ich beobachte ihre Hand, die sich ganz langsam übers Papier bewegt. Ich blicke auf ihr Gesicht, und auch ihre Lippen bewegen sich ganz langsam, viele schöne Cocktails mit bunten Strohhalmen und kleinen Schirmchen und Kaffee in großen, runden Tassen ohne Henkel, sie bewegt die Lippen und starrt auf das Papier, und dann zerknüllt sie es und sagt: »Warum lässt du mich nicht einfach in Ruhe, warum kapierst du nicht, dass ich nichts mit dir zu tun haben will«, und obwohl sie das schon so oft gesagt hat, nicke ich nur und blicke sie an. Sie nimmt den zerknüllten Brief mit, als sie aufsteht, warum lässt sie ihn nicht liegen?, und ich blicke ihr hinterher, bis sie an der Tür ist und sich nochmal umdreht und mich böse anguckt, mit einer kleinen Falte über ihrer Nase bis hoch zur Stirn, und dann ist sie weg.

Ein kleines Bier steht vor mir, ich weiß nicht, wo das herkommt, und sie sagt: »Na dann ... zum Wohl«, ich nicke und sage: »Zum Wohl«, und wir stoßen an.
Wir stellen unsere Gläser fast gleichzeitig wieder ab, sie trinkt einen dunkelroten Cocktail, Blutorange oder so was, und ein Streifen von dem Zeug ist über ihrer Oberlippe. Ich versuche, ihr nicht zu lange in die Augen zu sehen, und streiche mit meinem Zeigefinger ein paar Mal über meinen Mund. Sie lächelt, nimmt eine Serviette und wischt den roten Streifen weg. Ich trinke einen Schluck und blicke dann in mein Glas. Ich höre, wie auch sie was trinkt, ich höre sie husten, dann nur noch die Musik und das leise Gerede von den Nachbartischen.
Ich lege die Fingerspitzen an mein Bierglas und streiche über die Wölbung und den langen, dünnen Stiel, auf dem es steht, ist eins von diesen kleinen Gläsern, die wir früher »Tulpe« nannten, aber das habe ich schon lange nicht mehr gehört.
»Warst du oft in der Stadt in den letzten Jahren?«
»Nein«, sage ich, ohne aufzublicken.
»Nur, wenn du Geschäfte gemacht hast.« Sie lacht, und ich weiß nicht, warum, und das macht mir Angst, und ich frage: »Warum lachst du?« Und sie lacht, und ich blicke auf ihre oberen Vorderzähne, die beiden in der Mitte sind ein kleines bisschen länger als die daneben, aber nur ein ganz kleines bisschen, und ich sehe sie lachen und ihre Zähne, obwohl sie so weit weg ist, sie läuft mit den anderen Mädchen durch die Sporthalle, aber ich sehe nur sie und lehne die Stirn an die Scheibe.
»Ich stell mir vor«, sagt sie und lacht immer noch, »ich kann mir nicht vorstellen, weißt du, wie du in einem Anzug ...«
Ich nicke. »Konnt ich früher auch nicht.«
Sie hört auf zu lachen. »Tut mir leid«, sagt sie. »Nein«, sage ich, »muss es nicht.«
»Ich freu mich doch«, sie beugt sich vor, und ihr Gesicht ist ziemlich nah an meinem, »dass es dir gut geht. Ich hab manchmal gedacht in den Jahren ...«
»Was hast du gedacht in den Jahren?«

»Na ja, weißt du«, sie beugt sich noch weiter vor, und ich spüre einen winzigen Tropfen von ihr irgendwo unter meinem Jochbein, »dass ich so böse zu dir war, früher, und dann tut's mir leid.«
»Nein«, sage ich, »muss es nicht«, und spüre immer noch den kleinen Tropfen und neige meinen Kopf und wische ihn mit der Schulter weg.
»Ich«, sagt sie, »ich ...« Sie nimmt diesen dunkelroten Cocktail, zieht den Strohhalm raus und legt ihn auf den Tisch, dann trinkt sie ein paar Schlucke und hält das Glas mit beiden Händen fest. »Vielleicht ... ich war wohl noch nicht so weit, damals.«
»Warum, warum sagst du so was?« Ich trinke mein Bier in einem Zug aus und knalle das Glas auf den Tisch, nein, ich habe alles unter Kontrolle und setze es vorsichtig zurück auf den Untersetzer. »Nach all den Jahren ...«
»Ich hab dich ... hab dich so lange nicht gesehen«, sagt sie, »und jetzt ... und jetzt, versteh mich nicht falsch ...«
»Nein, nein«, sage ich, »ich versteh dich nicht falsch, hab dich auch damals gut verstanden.« Ich setze das leere Glas nochmal an und spüre den kleinen Rest des Biers auf der Lippe, dann sage ich: »Tut mir leid.«
»Nein«, sagt sie, und der kleine Tisch bewegt sich, weil auch sie sich bewegt, »muss es nicht.«
Wir blicken uns an, ich nicke, sie lächelt, ich drehe mich um und winke den Kellner ran. Der Typ sieht ziemlich schwul aus in seinem hautengen lila Hemd, und ich lächele ihn an, so wie ich sie anlächeln will, »Na, Schwuchtel«, sage ich, »bist einsam, was«, nein, ich denke es bloß und bestelle ein kleines Bier. »Willst du noch was«, frage ich sie, und sie schüttelt den Kopf. Der Kellner nimmt mein leeres Glas und trippelt langsam vor zur Bar.
»Und du willst wirklich in der Stadt bleiben?« Sie stützt ihr Kinn auf beide Hände, und ich nicke und versuche zu lächeln und sage: »Mal sehen.«
»Und die Geschäfte?«
»Ja, ja«, sage ich, »die gehen ... gehen ganz gut. Kann nicht klagen.«

»Ist ein schönes Hotel, wo du wohnst.«
»Ja«, sage ich, »ist nicht schlecht, ist wirklich nicht ... aber auf Dauer ...«
»Stimmt«, sagt sie, »du kannst dir ja eine Wohnung, ich kenn da ... also ich meine, wenn du willst ...«
»Mal sehen«, sage ich, und dann ist endlich mein Bier da, und ich setze das Glas an und trinke und denke an das Hotel und an die Wohnung und an sie, wie ich sie vor drei Tagen getroffen habe, obwohl sie ja vor mir sitzt, denke an ihre Teetasse, die noch in dem Zimmer steht, das nicht mir gehört, seit drei Tagen steht sie auf dem Tisch, Hagebuttentee, ich kenne niemanden sonst, der so was trinkt, und der Teebeutel liegt noch neben der Tasse, klein, braun und verschrumpelt. Ich stelle das leere Bierglas auf den Tisch und stehe auf. »Muss nur mal.« Ich laufe zwischen den Tischen rum und suche das Klo, Frau und Mann, an vier, fünf kleinen Tischen, überall eine Kerze auf den Tischen, genau wie bei uns, Frau – Frau – Frau, zwei Männer alleine an einem Tisch, auch mit Kerze, aber keiner ganz allein, der schwule Kellner steht hinter der Bar und flirtet mit einer Frau und sieht plötzlich gar nicht mehr schwul aus, und dann sehe ich endlich die Klotüren in einer Nische neben der Bar. Links ein Mann, rechts eine Frau, und ich stolpere gegen die Tür, und bevor ich sie aufmache, drehe ich mich nochmal um. Unser Tisch ist weit weg jetzt, sie sitzt mit dem Rücken zu mir und stützt das Kinn auf beide Arme und bewegt sich nicht.
Ich stehe am Waschbecken, das kalte Wasser läuft mir aus den Haaren und übers Gesicht. Ich blicke in den Spiegel. Ich trage ein weißes Hemd, das ich mir am Morgen gekauft habe, ich trage sonst keine weißen Hemden und auch keinen Anzug, und jetzt tropft das Wasser aus meinen Haaren und meinem Gesicht auf das Hemd und macht kleine Flecken auf dem Stoff. Ich sehe mein bleiches Gesicht und versuche zu lächeln und stütze mich auf den Rand des Waschbeckens.
»Ob ich allein bin?« Ich nicke. »Keine Frau, keine Kinder. Die ... die Geschäfte, weißt du ...«
»Und ...«

»Ob ich über so was nachdenke, meinst du? Ja, manchmal.« Ich blicke auf die Tasse, die zwischen uns auf dem Tisch des Hotelzimmers steht, ich habe mir einen Whisky bestellt, ich halte das Glas seit zehn Minuten in der rechten Hand, und die drei Eiswürfel werden immer kleiner, Hagebuttentee, ich kenne keinen, der so was trinkt, und dann ist die Tasse plötzlich leer, und der Teebeutel liegt neben der Tasse auf dem Tisch, klein, braun und verschrumpelt.

»Ob ich allein bin?« Ich grinse in den Spiegel und sage: »Noch nicht, aber bald«, und als die Tür auf- und wieder zugeht und irgendein Typ hinter mir ist, drehe ich mich um, packe ihn mit der Linken am Hals, stoße ihn gegen die Wand und drücke seinen Kopf gegen die Fliesen. »Lass die Finger von ihr, du Arsch, lass bloß deine scheiß Finger von ihr.«

Er will was sagen, aber ich habe ihn so fest am Hals, dass nur seine Lippen sich bewegen, und ich lege meine rechte Hand auf seinen Mund und drücke seinen Kopf noch fester an die Wand. »Fass sie nicht an«, flüstere ich in sein Ohr, »lass bloß deine scheiß Finger von ihr.« Er ist jetzt still und rührt sich nicht und atmet ganz schnell ein und wieder aus, und ich spüre seinen Atem auf meiner Hand. Ich lasse ihn los. Ich drehe mich um und sehe ihn im Spiegel. Er ist bleich und still.

»Tut mir leid«, sage ich, »du Arschloch hast ja nichts damit zu tun.«

Ich trockne mir das Gesicht mit einem Papierhandtuch ab. Ich habe Angst, dass jemand durch die Tür kommt, denn ich will doch noch ein wenig bei ihr sein. Ich mache die Tür auf und sehe sie weit weg an unserem Tisch, sie schiebt die Kerze hin und her, und ich spüre, wie ich lächeln muss. Ich gehe zur Bar und bezahle, und dann bin ich wieder bei ihr. »Lass uns hier abhauen«, sage ich und lege meine Hand ganz vorsichtig auf ihre Schulter, »lass uns woanders hingehen. Bitte.« Ihre Schulter bewegt sich, und ich nehme meine Hand wieder weg.

»Geht's dir nicht gut?« Sie steht auf, und ich trete ein paar Schritte zurück.

»Nein, nein«, ich sehe, wie jemand aufs Klo geht, ist aber eine Frau, »ich brauch nur bisschen frische Luft. Lass uns woanders hingehen. Billard, kannst du Billard spielen?«
»Ein bisschen«, sagt sie, und dann gehen wir an all den Tischen und Kerzen vorbei nach draußen.

Die Nacht ist fast vorbei, und wir laufen durch die Straßen, und ich blicke auf die Lichter und dann auf sie, aber meistens auf die Lichter, denn sie ist genauso schön wie früher, als wären wir immer noch fünfzehn, sechzehn ... und irgendwie ist ein Teil von damals noch in ihr, und wir laufen durch die leeren Straßen und bleiben vor Schaufensterscheiben stehen und erzählen so dies und das.
»Hast gut gespielt vorhin«, sage ich.
»Hör auf«, sie lacht, »doch nur, weil du ...«
»Nein, nein«, sage ich, »war nicht gut in Form heute, aber du ... hast auch bisschen Glück gehabt, aber warst wirklich richtig gut.« Sie beugt sich über den Tisch, und ich stehe hinter ihr, nehme ihren Arm und sage: »Ein ganz kleines bisschen, eine Winzigkeit weiter links musst du sie am Arsch erwischen.«
»Am Arsch?« Sie liegt über den Tisch gebeugt, hat ein Auge zugekniffen und bewegt den Queue hin und her. »Weiter seitlich«, sage ich und verschiebe ihren Arm ganz vorsichtig. Sie blickt zu mir hoch, ein Auge immer noch zugekniffen und mit einer Falte über ihrer Nase bis hoch zur Stirn. Sie versenkt die Kugel, und ich spiele meine Kugeln über die Banden und den Tisch, versenke sie nicht, lasse sie vor den Löchern liegen, weil ich sehen will, dass sie glücklich ist, wenn sie gewinnt.
Wir stehen vor einem Schaufenster mit jeder Menge Schuhen drin, ganz vorne stehen ein paar winzig kleine. Ich blicke auf meine Uhr, in acht Stunden werde ich meine Tasche nehmen und verschwinden. »Ist spät geworden«, sagt sie.
»Ist spät geworden«, sage ich und blicke auf die winzig kleinen Schuhe und laufe langsam weiter. Ich habe den ganzen Abend nicht geraucht und nehme meine Schachtel und zünde mir eine

an. Ich drehe mich um, sie steht immer noch im Licht des Schaufensters, und ich ziehe an meiner Kippe, dann schnippe ich sie gegen die Hauswand. Ein paar kleine Glutpunkte fallen mit der Zigarette auf den Fußweg. Sie kommt langsam auf mich zu. »Ich bring dich nach Hause«, sage ich, »dann muss ich ins Hotel.«
»Weißt du, wo ich jetzt wohne?« Ich nicke. »Woher ...«
»Hat mir mal jemand erzählt.« Wir laufen weiter. Es ist nicht weit bis zu ihrer Wohnung, und ich laufe sehr langsam und bleibe an jedem Schaufenster stehen, auch wenn nur Bürohefter drin liegen.
»Wenn du wirklich hier bleibst ...«
»Bestimmt klappt es«, sage ich und stehe vor einem Laden, ist nichts drin zu sehen, nur die Verkaufstheke hinten im Raum, lang und dunkel.
»Bei mir um die Ecke sind jede Menge Wohnungen frei, wenn du willst, ich kenn da ...«
»Lass uns ... nicht jetzt davon reden.« Ich blicke in den Laden, dann laufen wir weiter, die Straße ist leer, nur ab und an fahren ein paar Autos vorbei, und ich sehe die Lichter der Autos und die Lichter der Laternen an den Straßenrändern, und dann stehen wir vor ihrem Haus. Ich zünde mir eine an. »Du rauchst?«
»Manchmal«, sage ich. »Gibst du mir auch eine?« Ich will ihr meine geben, halte sie auch schon zwischen Daumen und Zeigefinger mit der Glut nach unten ein Stück von mir weg, aber dann schiebe ich sie mir wieder zwischen die Lippen und reiche ihr die Schachtel. Sie nimmt sich eine raus, und ich gebe ihr Feuer.
»Hab auch mal geraucht«, sagt sie, »ist aber schon paar Jahre her.«
Sie raucht hastig und schnell und bläst den Rauch zur Seite weg.
»Wann ...«
»Bald«, sage ich, »vielleicht schon morgen, muss noch bisschen was klären, wegen der Arbeit und dem Hotel und so.«
»Ich ... ich freu mich so, dass wir uns wieder getroffen, dass du wieder ...«
»Ja«, sage ich und will zu ihr rangehen, aber dann sehe ich das

Taxi, das langsam die Straße langfährt, das Schild auf dem Dach leuchtet gelb.
Ich hebe den Arm und winke, zwei-, dreimal, und es kommt langsam ran und bleibt stehen. Das Fenster ist runtergekurbelt, und ich sage: »Dauert noch 'ne Minute.«
Ich schmeiße meine Kippe weg, gehe dicht an sie ran und sage: »Mach's gut«, und lege meine Hand ganz kurz auf ihre Haare. Sie sagt nichts, und ich drehe mich um und gehe zum Taxi. Ich will erst vorne einsteigen, aber dann setze ich mich nach hinten. »Zum Bahnhof«, sage ich, denn dort steht meine Tasche in einem Schließfach. Ich werde mich auf eine Bank setzen und auf den Morgen und den Zug warten.

Paul Brodowsky
RACHEL

Der sogenannte Realismus fällt nicht weiter ins Gewicht.
Dein Gesicht ist eine Welt, deren Umriss mir gefällt.
TOCOTRONIC

0 Die Schienenstränge beginnen erst leise, dann immer lauter zu singen, die sich nähernde U-Bahn, der Luftzug vor dem ersten Wagen. Die Station ist leer, frisch renoviert, außer mir steigt niemand ein, ich bin allein in dem Waggon. Die Bahn fährt mit einem leichten Ruck an, durch das Sitzpolster spüre ich die feinen Vibrationen der Räder auf dem Gleis, die Bahn beschleunigt, der Tunnel ist in diesem Stück unbeleuchtet, die Scheiben spiegeln. Ich sitze im ersten Zug, frühmorgens. Die Bahn wird ohne Unterbrechung fahren bis zur nächsten Station, ein hölzernes Knirschen, kaum zu bemerken, eine schlecht verschweißte Schienennaht, ein unvorsichtiges Tier womöglich, der U-Bahn-Führer wird aufschrecken aus seinem Sekundenschlaf und die Bremsung einleiten für die kommende Station, der nächste Halt.

1 Rachel liegt neben mir. Ich warte darauf, dass es hell wird, dass sie aufwacht, oder ich werde sie wecken. Sie wird erst ungläubig blinzeln, in ihrem Kopf der Wein von gestern Abend, ich kann ihren Duft riechen. Sie wird den Kopf heben, an ihrer Wange der Abdruck der Kissennaht, sie wird sich die Augen reiben. Dann wird sie mitten in der Bewegung innehalten. Ihr Blick wird an mir abgleiten, sie wird nicht einmal mehr blinzeln, sie ist mit einem Schlag hellwach und nüchtern. Ihr fällt der Abend wieder ein. Vielleicht wird sie weinen, oder Tränen werden an ihren Wangen herunterlaufen, und sie wird es nicht merken, in ihrem Gesicht Reste von dem im Schlaf verwischten Make-up. Ich gehe

jetzt, werde ich sagen, sie wird es kaum wahrnehmen, oder sie wird sagen, ja. Oder sie wird auf die Uhr schauen und sagen, die nächste U-Bahn-Station ist gleich hier um die Ecke.

2 Rachel liegt neben mir. Ich höre ihren gleichmäßigen Atem, ich warte darauf, dass es hell wird. Im Spiegel kann ich die Straßenbeleuchtung sehen, Rachel hat die Gardinen nicht zugezogen. Ich habe Rachel auf der Party eines Bekannten wiedergetroffen. Sie stand plötzlich in der Küche, ein Weinglas in der Hand, sie hatte die Haare geschnitten, sie trug ein dunkles, seidiges Oberteil, sie sah mich an. Hallo Max, sagte sie. Die Küche wurde plötzlich unscharf, fiel auseinander, bis auf Rachel in der Mitte des Bildes, hallo Rachel, sagte ich. Ich nahm mir ein Glas, sie schenkte mir Weißwein ein, wir standen eine Weile schweigend da, beide mussten wir lächeln, über die Situation, oder war es ein Anlächeln.

Ich sah sie im Tanzzimmer wieder, sie stand am anderen Ende der Tanzfläche, wippte zur Musik, sie sah aus, als würde sie mich anschauen, aber sie hatte die Augen geschlossen. Eine Weile später begegneten wir uns auf der Tanzfläche, sie hatte die Augen noch immer geschlossen, wir tanzten miteinander, ohne uns zu berühren, ihr feiner Duft. Schließlich öffnete sie die Augen, lächelte mich an und ging aus dem Zimmer. Dann kam sie wieder, ich werde jetzt gehen, sagte sie, zögerte, sie lächelte, es war ein Anlächeln, und du?

Ich warte darauf, dass es hell wird, auf die erste U-Bahn, in der Küche einen Kaffee kochen und dann gehen, Rachel nicht wecken, keinen Zettel hinterlassen. Rachel dreht sich im Bett, sie blinzelt, einen Moment lang bin ich mir nicht sicher, ob sie mich anschaut, die Augen offen hat, das schwankende Licht der Straßenbeleuchtung draußen. Möglich, dass sie mit offenen Augen schläft. Keinen Zettel hinterlassen, nur die ungespülte Kaffeetasse als Schlusspunkt. Sie dreht sich auf den Bauch, der Mund offen. Die Telefonnummer ändern, die Adresse, sie schläft tatsächlich, eine andere Stadt vielleicht, oder ein anderes Viertel, andere U-Bahn-Linien, andere Cafés. Plötzlich spricht Rachel im Schlaf, sie sagt, was soll das, oder sie sagt, das weißt du doch. Dann zuckt ihr rechtes Bein, als wollte sie laufen.

3 Ich sitze in der U-Bahn. Mir gegenüber sitzt ein junger Mann, Ende zwanzig, seit einigen Tagen nicht rasiert, er trägt eine dunkel gefasste Brille, ich überlege, ob es der Mann sein könnte, der morgens vor Rachels Tür stand. Marcus. Aber er trägt keine Lederjacke, sein Gesicht wirkt anders, er scheint mich nicht zu kennen. Ich bin erleichtert. Er sitzt dort wie erschlafft, die Vibration der Bahn geht in feinen Stößen durch seinen Körper. Ich überlege, warum Marcus so spurlos aus Rachels Leben verschwunden ist, der Mann gegenüber schaut an meinem Kopf vorbei auf die Schachtwand hinter mir, er sieht mir ähnlich, etwas älter zwar, unrasiert, aber eine ähnliche Statur, beinahe die gleiche Haarfarbe. Er zündet sich eine Zigarette an. Der Wagen ist fast leer, möglich, dass er nur müde ist, erschöpft von der Arbeit kommt, die Sehnsucht nach der Zigarette, der leere Waggon. Oder vielleicht ist es ihm auch völlig gleichgültig. Ich überlege, ob ich ihn fragen soll, ob er Rachel kennt. Die Bahn verlangsamt auf Schritttempo, wir fahren in die Station ein, an der Rachel wohnt, noch immer Renovierungsarbeiten. Der Mann schaut mich an. Plötzlich bin ich mir unsicher, ob es nicht doch derselbe ist wie neulich, möglicherweise Marcus, eine andere Jacke, unrasiert, die Türen öffnen sich mit einem schnalzenden Geräusch, er steigt aus, schnippst die halbgerauchte Zigarette in den Schacht zwischen Bahnsteig und Waggon und verschwindet in Richtung Rolltreppe.

4 Ich komme aus der U-Bahn-Station. Die Sonne scheint, ich überlege kurz, in die Saftbar neben dem U-Bahn-Schacht zu gehen. Stattdessen setze ich mich in ein Café an der Ecke und schaue mir die Menschen an, die aus der Station kommen. Rachel ist nicht

dabei. Ich bin enttäuscht und zugleich erleichtert. Als ich eine Weile später aufstehe, um zu gehen, spüre ich eine Hand an meiner Schulter. Rachel hält mir ein Glas hin, Mango- und Möhrensaft, sagt sie, sie lächelt mich an, halb-halb. Ich muss auch lächeln, ich trinke den letzten Schluck Kaffee, und wir setzen uns auf die Bank vor der Saftbar. Es tut mir leid wegen neulich, sagt sie, dass ich so schnell gegangen bin. Sie wirkt gefasst, nüchtern, sie hat weiche Augenlider, ungewaschenes Haar, als hätte sie schlecht geträumt und wäre gerade erst nach langem Schlaf aufgestanden. Erzähl mir von Marcus, sage ich. Etwas in ihrem Gesicht zuckt. Marcus, sagt sie, sie klingt heiser. Wie sieht er aus, frage ich, was macht er. – Er sieht gut aus, sagt sie, er ist relativ groß, ungefähr deine Haarfarbe, er war achtundzwanzig. – Er kocht gerne, sage ich, ja, sagt sie, er hat gerne gekocht. Er ist eines Morgens gegangen, als ich noch schlief, ich weiß nicht, wohin. – Du suchst ihn, sage ich. Nein, sagt Rachel, nicht mehr. – Warum nicht?, frage ich. Ich muss jetzt gehen, sagt sie, sie steht auf. Bis dann, Max. Sie sieht mir einen Moment lang ins Gesicht, dann dreht sie sich um und verschwindet zwischen den Menschen auf dem Gehweg.

5 Es klingelt, als ich öffne, steht Rachel vor der Tür. Hallo, sagt sie, sie sieht müde aus, die Augen verschattet, im Spiegel kann ich sehen, dass ihre Haare zerlegen sind. Wir setzen uns an den Küchentisch, ich koche Tee. Ich frage sie nach unserer Begegnung gestern Nachmittag, auf dem Fahrrad. Rachel nickt, ich konnte gestern nicht mit dir sprechen. Das hat nichts mit dir zu tun. Sie schaut mich an, dann sagt sie: Du würdest niemals gehen, ohne mir etwas zu sagen. Sie nimmt meinen Kopf in ihre Hände, sie zieht ihn zu sich, ich spüre die Kraft in ihrem Arm, als wollte sie mich festhalten, an sich binden. Plötzlich lässt sie mich los. Er muss es geplant haben, sagt Rachel. Gestern war ich bei seinem Vermieter, seine Wohnung war schon seit einer Woche aufgelöst, das Telefon abgemeldet. Er ist morgens gegangen, sehr früh, während ich schlief, er kann keinen Wecker gestellt haben, wahrschein-

lich hat er die ganze Nacht wachgelegen. Er hat sich Zeit gelassen, in der Küche habe ich noch die Reste seines Kaffees gefunden. Wenn ich versuche, mich an ihn zu erinnern, sind da nur noch Ausschnitte, der Mund, sein unrasiertes Kinn, sein Geruch. Er hat nicht gewollt, dass ich Bilder von ihm mache. Ich habe kein einziges Foto. Wenn ich an ihn denke, ist da nur eine Leere, als hätte er sich mitgenommen, als hätte es ihn nie gegeben.

6 Rachel kommt mir entgegen, auf dem Fahrrad, unwillkürlich kommt mir die Erinnerung an ihren Duft, zwei Tage ist es her, dass wir uns in ihrer Wohnung gesehen haben, ich bremse, sie sieht mich nicht, hallo Rachel, rufe ich ihr zu, sie scheint mich nicht zu hören, der Blick starr, sie fährt an mir vorbei. Ich schaue ihr hinterher, die Ampel springt auf grün, ich sehe, wie sie um die Ecke biegt, unmöglich, dass sie mich nicht gehört hat. Ich habe mich gefreut, sie zu sehen, habe gerufen, ein wenig belustigt darüber, dass sie so in Gedanken Fahrrad fährt, Rachel ist weitergefahren, als kennte sie mich nicht oder als wäre Rachel eine andere.

7 Ich stehe im Treppenhaus, es ist früh am Morgen, ich überlege, ob ich zu rasch aufgebrochen bin. Ich bin davon aufgewacht, dass mein rechtes Bein zuckte. Ich war schlagartig wach, Rachel lag neben mir, die Morgendämmerung fiel durch die blassgrünen Gardinen auf ihr Gesicht, ihr sandfarbenes Haar, ihre helle Schulter. Ich stieg leise aus dem Bett, begann mich anzuziehen, das Hemd lag noch hinter dem Sofa. Als ich in den Spiegel blickte, sah ich, dass Rachel mich anschaute, sie hatte sich nicht bewegt, aber sie hatte die Augen geöffnet. Hallo, sagte ich. Willst du schon gehen, fragte Rachel, sie schwieg, setzte sich auf, die Bettdecke um den Oberkörper gewickelt, sie schaute knapp an meinem Gesicht vorbei, dann sagte sie: Die U-Bahn-Station ist gleich um die Ecke, nur fünf Minuten von hier.

Ich stehe im Treppenhaus. Ich muss an das noch schlafwarme Bett denken, Rachels Schulter, ihre leicht verklebten Wimpern. Zugleich bin ich erleichtert, nicht mehr in ihrer Nähe zu sein, meine Gedanken ordnen zu können, die so plötzlichen Ereignisse des gestrigen Abends, ihre Finger, die kleine Narbe unter dem rechten Schlüsselbein.

Als ich aus dem Haus trete, steht auf der anderen Straßenseite ein junger Mann, Ende zwanzig, er hat eine hellbraune Wildlederjacke an, unwillkürlich kommt mir Marcus in den Sinn, aber ich weiß nicht, wie er aussieht, wahrscheinlich ist es nicht Marcus, wahrscheinlich hat der Mann auf der anderen Straßenseite nur zufällig dort gestanden. Er schaut zu mir herüber, wie beiläufig, aber doch neugierig, als hätte er auf mich gewartet. Als ich ihn ansehe, wendet er den Blick von mir ab, zieht die Hände aus den Taschen seiner Jacke und zündet sich eine Zigarette an. Ich gehe los in Richtung U-Bahn-Station, an der ersten Straßenecke schaue ich mich um, er ist mir hinterhergekommen. Er starrt mich an. Oder vielleicht schaut er nur zurück, weil ich mich nach ihm umdrehe, ihn anschaue. Der erste Eingang zur U-Bahn-Station ist versperrt mit schwarzgelben Gittern, Renovierungsarbeiten, als ich mich nach einer Weile wieder umsehe, ist er noch da, einen halben Block hinter mir. Ich überlege, ob ich ihn fragen soll, ob er Rachel kennt, ihre Finger, die hellweiße Narbe. Als ich mich umdrehe, wirft er die Zigarette auf den Boden, hält ein Taxi an und steigt ein, zielstrebig, als wäre er plötzlich spät dran, oder als wüsste er, dass ich ihn zur Rede stellen, was ich ihn fragen wollte.

8 Wir essen Eis in ihrem Zimmer, zum Nachtisch, wir sitzen auf ihrem weinroten Sofa. Rachel legt eine CD ein, spielt mir einige Stücke vor. Nach dem Eis öffnet Rachel eine Flasche Rotwein, das Sofa ist alt, wir versinken in der Polsterung. Ich kann im Spiegel sehen, wie wir langsam, fast unmerklich auf den tiefsten Punkt hin rutschen. Rachel sitzt dicht neben mir, ihre Hände liegen auf ihrem rechten Knie, meine Hände liegen daneben, unbeweglich,

wie Handschuhe. Rachel trinkt einen Schluck Wein, ihre Hand streift mein Bein. Sie stellt ihr Weinglas auf ein Beistelltischchen, legt ihren Arm auf die Rückenlehne. Ich erzähle von einer Frau, in die ich vor Jahren einmal verliebt war, irgendwann liegt ihre Hand wie zufällig an meiner Schulter, meinem Hals, ich spreche den Satz zu Ende, wir sitzen da und schauen uns an. Dann rutscht ihre Hand unter meinen Hemdkragen, über meine Schulter, sie zieht mich zu sich, ihre grauen Augen, die mich anschauen, ohne zu blinzeln, ihre Lippen dicht vor meinem Gesicht. Plötzlich hält sie inne, sie greift mit überkreuzten Armen an den Saum ihrer Bluse und zieht sie in einer Bewegung über den Kopf. Sie öffnet die zwei unteren Knöpfe meines Hemdes, ihre Hand an meiner Haut, meinem Nabel, endlich küssen wir uns, kurz unter dem rechten Schlüsselbein hat sie eine kleine hellweiße Narbe, noch immer ihre Hand, ich spüre die Kraft in ihren langen, schmalen Fingern.

9 Ich bin das erste Mal in Rachels Wohnung, in ihrer Küche. Ich koche Fisch für sie. In der Wohnung keine Spuren von Marcus, keine zweite Zahnbürste, kein Rasierschaum im Bad, keine Fotos an den Wänden. Kein fremder Geruch, nur Rachels feiner Duft, als ich die Wohnung betrat. Rachel schaut mir beim Kochen zu. Sie trägt eine schwarze enge Bluse. Als sie die Tür aufmachte, erkannte ich sie kaum wieder, ihre Augen wirkten heller, sie trägt die Haare hochgesteckt, hallo Max, sie gibt mir einen Kuss auf die Wange.

Wir sitzen am Tisch, der gedünstete Fisch mit den graugelben Zitronenscheiben zwischen uns. Wer ist Marcus, frage ich. Etwas in ihrem Gesicht zuckt, sie stellt die Flasche ab, von wem sprichst du?, sagt sie. Sie gießt weiter ein.

10 Ich frage mich, ob sie kommen wird. Wir haben uns verabredet gestern, auf der Bank in der Sonne, sie stand auf, trank den letzten Schluck von ihrem Saft, leckte einen Tropfen vom Glas-

rand und sagte: Ich möchte dich wiedersehen. Morgen um vier, sagte sie und nannte mir den Namen eines nahen Cafés, drehte sich um und ging.
Jetzt ist es viertel nach vier, Rachel ist nicht zu sehen, vielleicht hat sie es sich anders überlegt, vielleicht wird sie nicht kommen, werde ich sie nicht treffen, jetzt nicht und dann nie wieder, oder ich treffe sie nur zufällig auf der Straße, im Vorbeigehen, ihr Blick wird an meinem abgleiten, für eine Sekunde wird eine Erinnerung in ihr aufblitzen, dann wird sie so tun, als würde sie mich nicht erkennen. Oder es ist ihr etwas dazwischengekommen, ganz ohne Absicht, ein Anruf eines nahen Verwandten, eines Freundes, und sie erkennt schon an der Stimme, bei den ersten Worten, dass etwas Schreckliches passiert sein muss. Ich muss daran denken, wie sie in der U-Bahn saß, als hätte sie damals geweint, aber dann nahm sie ihre Hände vom Gesicht, und da waren keine Tränen, keine verweinten Augen.
Hallo Max, sagt Rachel. Sie berührt einen Moment lang meine Hand. Sie hat ihre Haare zusammengebunden zu einem kurzen Zopf. Wir sitzen draußen an einem Tisch in der Sonne, ich bemerke, wie ich einen feinen Duft wahrnehme, seit sie gekommen ist. Wir unterhalten uns eine Weile, dann fragt sie: Stört es dich?, und zündet sich eine Zigarette an, sie hält ihre Hand mit der Zigarette zwischen uns wie einen Schild. Was ist mit deinem Finger, frage ich. Ach das, sagt sie, nichts, das ist von einem Unfall als ich zwölf war. Nichts weiter. Wieder sitzen wir schweigend da, ich kann uns beide in dem Spiegel über der Theke drinnen ausmachen, ich wundere mich, warum sie nichts von sich erzählt, ich weiß noch immer nicht mehr über sie als damals in der U-Bahn, weiß nicht, was sie macht, nichts über ihre Vergangenheit, kenne nur ihren Namen, ihre Finger, den Klang ihrer Stimme. Unser Schweigen ist kein angenehmes Schweigen, keines aus einem unausgesprochenen Einverständnis heraus. Bestimmt kannst du auch gut kochen, sagt sie schließlich und nimmt einen letzten Zug von ihrer Zigarette. Wann kochst du für mich, Marcus, sagt sie und drückt den Zigarettenstummel aus, Max meine ich natürlich. Plötz-

lich sieht sie müde aus, ein feiner Muskel unter ihrem rechten Auge zuckt ein paar Sekunden lang, ihre Finger spielen mit etwas Zigarettenasche auf dem Tisch, sie hat wieder diesen haltlosen Blick aus der U-Bahn, als hätte sie die Kontrolle über ihre Gedanken verloren.

11 Ich komme aus der U-Bahn-Station. Direkt neben dem Ausgang gibt es eine kleine Saftbar, die Sonne scheint, ich stelle mich an, denke darüber nach, ob ich lieber einen Orangen- oder einen Mangosaft nehmen soll, entscheide mich für halb-halb. Ich spüre einen Blick in meinem Nacken, drehe mich um. Hinter mir steht Rachel. Sie schaut mich an, fixiert mich einen Moment lang, ich muss lächeln, es ist schon eine Weile her, dass ich in der U-Bahn an unsere Begegnung gedacht habe, jetzt bin ich ihr wieder begegnet, eine neue Fußnote kommt hinzu, zwei Punkte geben eine Linie, fast schon eine Konstante, und ich muss lächeln, über die Situation, oder es ist ein Anlächeln. Rachel zieht die Augenbrauen hoch. In der rechten Braue sieht man an einer Stelle die Haut durchschimmern. Hallo, sagt sie. Hallo, sage ich, und wundere mich, in Gedanken habe ich sie oft angesprochen, Rachel, und jetzt steht sie vor mir, und ich kann ihren Namen nicht sagen, ihr Name kommt mir vor wie ein unbekanntes Tier, von dem man nicht weiß, wie man es hochheben soll. Kennen wir uns, fragt sie, ein wenig erstaunt. Eigentlich nicht, sage ich, aber du bist Rachel. Für einen kurzen Moment verliert sie die Fassung, etwas in ihrem Gesicht zuckt, sie ist erstaunt, sie erinnert sich nicht, sie lächelt und sagt: Stimmt. Ich bin an der Reihe und bestelle meinen Saft, und du?, sie stutzt einen Moment und will dann das Gleiche, noch einen halb-halb, sage ich zu dem Verkäufer. Wir setzen uns auf eine Bank in der Sonne, du erinnerst dich nicht, frage ich. Nein, sagt sie, doch, sie zögert. An die U-Bahn, sage ich, ich habe dich gefragt, wie du heißt. Wann war das, fragt sie, ich sage: vor drei Wochen ungefähr. Wie heißt du, fragt sie. Max, sage ich. Max, wiederholt sie, sie schaut auf ihren Saft. Ich sehe auf ihre

Hände, an ihrer rechten Hand ist etwas merkwürdig, der kleine Finger ist etwas zu kurz und endet da, wo sonst der Fingernagel ansetzt.

12 Ich sitze in der U-Bahn. Ich sitze zufällig in der gleichen Bahn wie letzte Woche, mir fällt die merkwürdige Begegnung wieder ein. Mein Blick schweift die Reihen der Sitzenden entlang, aber Rachel ist nirgends zu sehen. Die Bahn drosselt die Geschwindigkeit, fährt im Schritttempo in die nächste Station ein, die Station, in der Rachel damals ausgestiegen war, Bauarbeiter in grellorangen Jacken drücken sich an die Schachtwand. Ich spiele mit dem Gedanken aufzustehen, den Wagen bis zu seinem Ende abzulaufen, an der nächsten Station in einen anderen Wagen zu steigen, die Bahn abzusuchen, oder auf die nächste Bahn zu warten, die nächsten Bahnen, in Gedanken verbringe ich Stunden damit, nach ihr zu suchen. Rachel. Es klang wie eine Frage, als wäre sie unsicher, ob sie gemeint sei, oder als wunderte sie sich darüber, dass ich sie danach frage, ihr, das weißt du doch, als würde ich sie kennen. Als Namenlose hätte ich sie vergessen, sie wäre eine der täglichen Begegnungen gewesen, ein lang gehaltener Blick, eine hochgezogene Braue, die Andeutung eines Lächelns, eines Anlächelns oder eines Lächelns über die Situation. Schon mit Verlassen der Bahn wäre alles vorbei gewesen, vergessen. Weil ich ihren Namen kenne, kann ich sie in Gedanken ansprechen, Rachel, sie dreht den Kopf, ich habe sie bei ihrem Namen gerufen, Rachel, das klingt sanft und zugleich rau, fast kehlig. Wahrscheinlich werde ich ihr nie wieder begegnen, die Begegnung vor einer Woche wird verblassen, ich treffe eine andere, auf einer Party, in einem Café, wie heißt du, man kommt ins Gespräch. Rachel wird zu einer Fußnote, nur ein Punkt, verwahrt in der Erinnerung, in ein paar Monaten vergessen.

13 Rachel liegt neben mir, ich kann ihren Atem hören, er geht durch den Mund. Rachel hatte viel Wein getrunken gestern Abend. Wir waren mit der letzten Bahn zu ihr gefahren, an der Station, die ich inzwischen gut kannte, ausgestiegen, Rachel hielt sich einen Moment an den zusammengeklappten schwarzgelben Absperrungen fest, die Renovierungsarbeiten waren anscheinend abgeschlossen. Ich fragte sie, ob alles in Ordnung sei, sie drehte sich um und sagte: komm. Wir gingen durch den frisch verputzten Schachtausgang nach oben, Rachel hakte sich bei mir ein, lehnte sich an meine Schulter, das Licht der Straßenbeleuchtung fiel auf uns herab, der Strahler zwischen den Häusern aufgehängt, die im Wind leicht schwankenden Schatten, als ich stehenblieb, zog sie mich weiter. Im Hausflur hatte sie Schwierigkeiten, mit dem Schlüssel das Schlüsselloch zu finden, drinnen schaltete ich das Licht an. Sie kniff die Augen zusammen, wir küssten uns, sie schaltete das Licht wieder aus. Sie strich mit einer Hand über meine Wange, ich hatte mich seit ein paar Tagen nicht rasiert. Sie fing an zu reden, ihre Stimme klang weich, unartikuliert, ich verstand sie nicht richtig. Sie hielt mich fest umklammert, ihre Lippen an meinem Ohr, dann sagte sie, aber ich will, dass wir trotzdem zusammenbleiben, Marcus. Ich erstarrte. Im selben Moment löste sie sich von mir, Tränen liefen ihr über die Wangen. Sie drehte sich um, ging ins Schlafzimmer und zog sich aus, noch immer im Dunkeln, sie legte sich ins Bett, ich stand da, die letzte Bahn war gefahren, ihr Geruch, ihr kaum wahrnehmbares Weinen. Ich hörte, wie ihr Atem gleichmäßig wurde, sie atmete durch den Mund, sie war eingeschlafen.

14 Ich frage mich, wie sie heißt, ich sitze in der U-Bahn, sie sitzt mir gegenüber, sandfarbenes Haar, schulterlang. Sie hat die Hände vor dem Gesicht, sie ist eher groß, sie trägt eine enge, dunkelblaue Jeans und eine grün schimmernde Nylonjacke. Sie schläft. Oder sie weint still vor sich hin, starr, bewegungslos, Tränen laufen hinter ihren Handflächen die Wangen herunter, ohne einen

Laut. Die Bahn beschleunigt, vielleicht denkt sie über etwas nach und möchte nicht gestört werden, möchte nicht, dass jemand anderes ihre Gedanken in ihrem Gesicht liest, das feine, unkontrollierbare Mienenspiel. Sie sitzt da, versunken, die Ellenbogen aufgestützt auf ihre braune Umhängetasche, ihre Arme dünn, aber kräftig, der kleine Finger der rechten Hand nach innen gefaltet. Ich stelle mir vor, dass sie Lena heißt, dass sie grüne Augen hat. Möglich, dass sie heimfährt von einer ersten Liebesnacht und ihre Gedanken ordnen muss, wie sie spät nachts, kurz vor dem Schlaf die Körper entwirren musste. Oder dass sie gerade von jemandem verlassen wurde, bis dann, hat er gesagt, ich gehe jetzt, oder er ist einfach gegangen, nachts, ohne ein Wort, einen Zettel. Plötzlich nimmt sie die Hände vom Gesicht. Sie hat nicht geweint, sie hat graue Augen, wir sehen uns einen Moment an, sie scheint durch mich hindurchzusehen, auf die Schachtwand hinter meinem Kopf. Sie steht auf und geht zur Waggontür. Ich frage sie, wie sie heißt, wie heißt du, sage ich, ich bin aufgestanden, sie sieht mich an, ihre schmalen, grauen Augen. Rachel, sagt sie, sie sagt es leise, es klingt wie eine Frage, dann sagt sie wie abwesend, was soll das, oder sie sagt, das weißt du doch, die Tür öffnet sich mit einem schnalzenden Geräusch, sie dreht sich um und verschwindet zwischen den Menschen auf der Plattform.